U0659355

| 个人品牌进阶丛书 |

了不走2的创作者

保持创造力的10堂启发课

[美] 奥斯丁·克莱恩（Austin Kleon）著　　　　张海露 译

清華大學出版社
北　京

北京市版权局著作权合同登记号　　　图字：01-2025-0990

KEEP GOING: 10 WAYS TO STAY CREATIVE IN GOOD TIMES AND BAD by AUSTIN KLEON

Copyright © 2019 BY AUSTIN KLEON

This edition is published under arrangement with Workman Publishing Co. Inc., a subsidiary of Hachette Book Group, Inc., through Big Apple Agency, Inc., Labuan, Malaysia.

Simplified Chinese edition copyright © 2025 Tsinghua University Press Limited. All rights reserved.

本书封面贴有清华大学出版社防伪标签，无标签者不得销售。

版权所有，侵权必究。举报：010-62782989，beiqinquan@tup.tsinghua.edu.cn。

图书在版编目（CIP）数据

了不起的创作者：保持创造力的 10 堂启发课 /（美）奥斯丁·克莱恩 (Austin Kleon) 著；张海露译.—北京：清华大学出版社，2025.7（2025.11重印）.

（个人品牌进阶丛书）. — ISBN 978-7-302-69742-8

Ⅰ. G305

中国国家版本馆 CIP 数据核字第 2025K9F983 号

责任编辑：顾　强
封面设计：方加清
版式设计：张　姿
责任校对：王荣静
责任印制：沈　露

出版发行：清华大学出版社
　　　　网　　　址：https://www.tup.com.cn，https://www.wqxuetang.com
　　　　地　　　址：北京清华大学学研大厦 A 座　　　邮　　编：100084
　　　　社　总　机：010-83470000　　　　　　　　邮　　购：010-62786544
　　　　投稿与读者服务：010-62776969，c-service@tup.tsinghua.edu.cn
　　　　质　量　反　馈：010-62772015，zhiliang@tup.tsinghua.edu.cn
印　装　者：三河市东方印刷有限公司
经　　　销：全国新华书店
开　　　本：150mm×150mm　　　印　张：9⅙　　字　数：90 千字
版　　　次：2025 年 9 月第 1 版　　　印　次：2025 年11月第 3 次印刷
定　　　价：59.00 元

产品编号：110540-01

在泰坦尼克号上听到的

"我是说，没错，我们正在下沉。"

但是

这

音乐

真是

太棒了

我觉得自己需要保持创造力，不是为了证明什么，单纯就是因为去做这件事让我感到快乐……我认为保持创作，让自己保持忙碌，就是在保持自己的生命力。

——威利·尼尔森，美国歌手

每一次想放弃时，
我就会翻开它

当出版社邀请我为这本书撰写中文版推荐序时，我第一时间就答应了下来。不是因为这本书有多新，而是因为它太"实用"了。它不是那种让你五分钟顿悟的畅销书，而是能陪你熬过低谷的"续命"之书。

我曾反复推荐奥斯丁·克莱恩的前两部经典作品——《创意从哪里来》（*Steal Like an Artist*）和《秀出你的工作》（*Show Your Work*）。而这本《了不起的创作者》（*Keep Going*），是"内容创作三部曲"的终结篇，也是我认为最值得创作者们反复翻阅的一本。

它不是写给"想开始"的人，而是写给"想坚持"的人。在你没有被看见时，在你陷入怀疑时，在你灵感干涸、数据焦虑、热情枯萎时，这本书就像是创作者的深夜灯光，温柔且坚定。

过去这几年，我从世界 500 强央企裸辞，走上内容创业道路，实现公众号 7 年日更、短视频百天挑战、课程直播连续 500 场。但哪怕这样，我依然时常陷入某种自我怀疑：

· 我是不是写不出来了？

· 我是不是做得还不够好？

· 我是不是该放弃了？

每次有这种想法，我就会翻开这本书。它就像一个老朋友，提醒我："继续走，不是因为你成功了，而是因为你还在热爱。"

这本书的结构依然保持三部曲的风格，很简单，十章十个建议。但最打动我的除了这些建议之外，还有它提出的每一个具体的"动作"，给我的创作日常提供了非常多的参考灵感和行动建议。我也结合自己这些年的创作实践，挑出十个让我受益最深的"创作动作"，任何一个都可以拿来即用。

1. 建造你的"幸福之域"

不是"找个地方写东西"，而是"为创作建一个能量场"。

克莱恩在车库里布置了一张属于他的创作桌：有他爱的电影海报、手绘工具、孩子的画、旧照片和小玩具。这个空间不是整洁的，而是温暖的、自由的，是让他能沉浸、能表达、能专注的"幸福之域"。

我也在家中布置了一个属于我自己的角落，放着植物、明信片、书和耳机，每天早上我在那儿写晨间日课，开启我的一天。你需要一个空间，它不需要高级，但必须属于你。让它成为你和灵感的秘密通道。

2. 忘掉网络，回到现实

你必须先"活出内容"，才能"产出内容"。我曾被流量和数据困住，拍每一条视频都想：这个能涨粉吗？这句文案会爆吗？不停地去刷热点榜单、热门视频，试图找到所谓的流量密码，结果却越来越糟。

但后来我学会把手机放远一点，让自己真正"生活"起来。

我们一家四口去欧洲旅行，看着孩子在诺坎普球场兴奋地喊着亚马尔的名字；在卢浮宫门口静静发呆十分钟……这些瞬间不为创作而活，却变成了最深刻的内容。

内容，是生活"溢出来"的部分，而不是"被掏空出来"的结果。

3. 建立日常惯例，而不是依赖灵感

"灵感不会来，除非你先到场。"很多人以为我写作靠灵感，其实我是靠"坐下"。我每天早上泡杯咖啡，打开文档，就写。哪怕写不出来，也要写点什么。哪怕认为写得很垃圾，也要完成它。

这本书提醒我：我们不是等灵感来才开始，而是开始之后灵感才会来。

写，就是写的仪式；拍，就是拍的仪式；不是"等感觉"，而是"制造感觉"。书中也分享了很多创作者的每天清晨惯例，都是非常有效的保持内容创作热情和灵感的方式。

4. 创作像玩一样，不是像完成 KPI 一样

如果你把创作变成任务清单，那热爱很快就会枯萎。

我曾把每一件事都 KPI 化：起床打卡、直播转化、陪孩子也要达标。后来我意识到：生活不是"达成"，是"感受"。

克莱恩说："创作的最好状态，是像孩子一样玩。"放松下来吧。有时候写废一篇文案，也是一种浪漫。

不要等"好结果"再开心，要在"做这件事"本身里找到乐趣。

5. 抱团取暖，观点碰撞

别独自熬，去找同频的人，也别只抱同温层。

我会定期去参加内容创作者的线下聚会、工作坊、闭门会。在

跟不同背景、不同观点的人交流时，我发现：我们会重新认识自己。克莱恩提醒我们：创作者要有"抱团取暖"的社群，也要有"打破自我舒适区"的交流对象。

创作不是独角戏，而是一种集体进化。

6. 慢下来，画下来（或冥想、抄写、钓鱼）

克莱恩在书中提到：我们习惯了用手机随手记录一切，却忘了"画下来"带来的全然不同的体验。画画并不是为了成为画家，也不是为了提高画技，而是为了让我们慢下来，进入一种冥想般的专注状态。

只需一支笔和一张纸，你就能重新关注自己的世界。这个动作没有目的性，它不是为了产出内容，而是帮助你停下脚步，感受每一个细节。

我自己每天写一篇晨间日课，也是一种"画"——用文字记录，用心对话。当我进入这种专注的写作状态，仿佛时间是静止的，外界再嘈杂，我也不再被牵着走。

无论是冥想、抄写还是钓鱼，只要能帮助你回到"当下"并沉浸其中，它就是你和世界之间最私密的连接方式。

7. 睡觉，是创造力最好的保存方式

创作者不是要"卷死自己"，而是要"养好自己"。

克莱恩提醒我们：睡眠，是每一个创作者的"编辑间"。很多点子，不是在你熬夜时候冒出来的，而是在你打个盹儿之后，在你清晨醒来的那一刻自动冒出来的。

我现在开始学会尊重身体的节律，写不动了就休息，反而效率更高。

8. 动起来，大脑才跟得上

"迈开腿，灵感就来了。"

创作卡壳的时候，我最常做的一件事就是：关掉电脑，出门散

步或者跑步。

就像梭罗在瓦尔登湖畔的森林里，每天走 4 小时。

我现在也会践行"公园 20 分钟效应"：散步 20 分钟，思绪自动整理，灵感自然浮现。每天跑步 5 公里，也是我现在最重要的能量补给方式。

身体是你的内容工具，千万别忽略它。

9. 忘掉数字，关注作品是否"滋养了你"

你会像痴迷金钱一样，沉迷点赞、收藏和转发。数据是幻觉，它能影响你短期情绪，却无法支撑你长期创作。

我常问自己一句话：这条内容有没有滋养我？不是涨粉多少，而是我写完是否感到满足、疗愈、自洽。

10. 种一朵花：人生有季节，创作也有时机

这本书里我最喜欢的建议，是"去种一朵花"。

作者说：内容创造力也是有季节的。我们的人生就像植物，有人年少盛放，有人晚年才迎来花期。

你要有足够的耐心，不要羡慕"30岁以下精英榜单"，要学会欣赏"80岁以上仍在盛放"的生命状态。

我今年在家里真的开始种花。每天观察它们开与谢的节奏，也让我意识到：创作是个慢活，需要耐心、信心与爱。

从一年生转向多年生，从短爆发到长耕耘。

这才是"了不起的创作者"的本质。

继续走，不是为了赢，而是为了不辜负热爱

这本书写给所有"在坚持"的创作者。

它不提供一夜爆红的秘诀，而是提醒我们：

你可以慢、可以迷茫、可以失败，但别停。

创作，不是为了证明自己，而是为了照见自己。

只要你还在写、还在拍、还在记录，你就已经是一个了不起的创作者。

Kris（K 叔）
一行 DoMore 教育创始人
"Kris 进化笔记"视频号主理人
《引爆自律力》作者

我写这本书，是因为我自己需要读它

几年前，每天早上醒来，我都会刷手机看新闻，然后总感觉世界好像一夜之间变得更愚蠢、更糟糕了。然而，虽然我已经保持写作和创作艺术十多年了，但创作似乎并没有因此变得更轻松。按理说，创作不是应该越来越容易吗？

当我接受了"创作永远不会变得更容易"这个事实后，我释然了。在这样的世界从事创意工作本身就很难。人生苦短，而艺海无涯。

无论你是感到倦怠、刚刚起步、重新开始，还是已经功成名就，问题始终如一：如何保持创作状态？

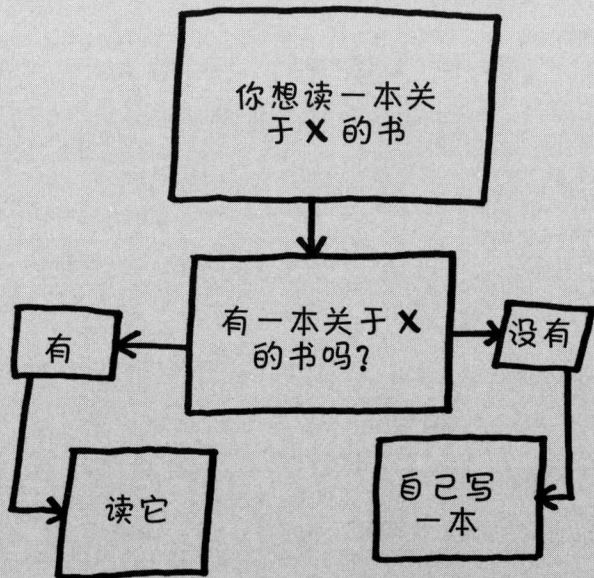

这本书的主要内容是有助于我保持创作状态的 10 件事。我主要是写给作家和艺术家，但我认为这些思路也适用于任何想要过上有意义、有趣生活的人，比如创业者、教师、学生、退休人士和社会活动家。书中许多观点都是我从别人那里借鉴来的，希望你也能从中找到值得借鉴的东西。

　　当然，这里没有放之四海而皆准的规则。生活是艺术，不是科学。能从这本书中收获什么因人而异，取你所需就好。

　　保持创作，好好照顾自己。

　　与你共勉。

本书作者

CONTENTS
目录

每一天都是
土拨鼠之日

过好当下每一天

　　我们谁也无法预知未来。别浪费时间胡思乱想。尽你所能创造最美好的事物。每天都试着这样做。仅此而已。

————劳里·安德森，美国艺术家

一听到有人说什么"创作之路"，我都会忍不住翻白眼。

这个说法听起来太高大上、太夸张了。

我的"创作之路"不过是从我家后门走到车库的工作室，只有3米多远。我坐在书桌前，盯着一张白纸，心想："昨天不也是这么做的吗？"

当我创作艺术时，我并不觉得自己是踏上英雄之旅的奥德修斯，反倒像西西弗斯，日复一日地推着巨石上山。在日常工作中，我不像是《星球大战》里肩负使命的路克·天行者，更像是电影《土拨鼠之日》里的菲尔。

如果你没看过这部电影，或者不记得具体剧情了，让我来简要介绍一下。《土拨鼠之日》是一部1993年上映的喜剧电影，由比尔·默瑞主演。故事发生在宾夕法尼亚州的小镇庞克苏托尼，这里是著名土拨鼠"庞克苏托尼·菲尔"的家乡，每年2月2日都会举办土拨鼠日庆典——土拨鼠会根据能否看到自己的影子来预测冬天是否还有6个星期结束。比尔·默瑞在片中饰演天气预报员菲尔，他在报道这一年一度的土拨鼠日活动时陷入了一个时间循环，每天醒来都是土拨鼠日。

菲尔非常讨厌庞克苏托尼，这座小镇简直成了他的炼狱。他尝试了一切办法，但始终无法逃离小镇，也无法迎来 2 月 3 日。对菲尔来说，冬天成了永无止境的轮回。不管他做什么，每天早上醒来他都会发现自己还在同一张床上，面对同一天。

在一次绝望的时刻，菲尔在保龄球馆的酒吧里问两个醉汉："如果你们被困在一个地方，每天过着一模一样的日子，做什么都没用，你们会怎么办？"

菲尔必须找到这个问题的答案，电影情节才能继续展开；而对我们来说，这个问题的答案同样决定着我们的人生方向。

我想，你如何回答这个问题，就会创作出什么样的作品。

早有人像我一样觉得《土拨鼠之日》是我们这个时代的伟大隐喻。电影导演兼编剧哈罗德·雷米斯曾说，他收到过无数神父、僧侣的来信，这些人称赞这部电影的精神意义，并宣称其与各自的宗

每

一天

都是

新的
开始

教理念相契合。但我觉得，这部电影对创作者的意义尤为深刻。

理由是：创意工作是非线性的。创作不是一条从 A 点到 B 点的直线，而更像是一个循环或者螺旋，每完成一个项目都会回到一个新的起点。无论你多么成功，无论你取得多大的成就，你都永远不会真正地"抵达"。对创作者来说，除了死亡，没有所谓的终点线或退休这回事。正如音乐家伊恩·斯韦诺尼亚斯所写的那样："即使你已经功成名就，那寥寥几位在乎你的人仍会问'那接下来呢'。"

我认识的一些真正高产的艺术家，已经有了自己的答案。他们找到了一种日常工作方式，这种方式让他们从成功和失败中抽离，同时也屏蔽了外界的纷扰。他们明确了自己要专注的事情，然后每天投入其中。不管最新作品是被拒绝、被忽略，还是广受好评，他们都会在第二天继续创作。

我们对生活的掌控非常有限。我们唯一真正能掌控的，是如何度过我们的每一天：选择做什么，以及为此付出多少努力。也许这

听起来有些夸张，但我认为，要想进行艺术创作，最好的方法是假装自己在主演一部属于自己的《土拨鼠之日》：昨天已经过去，明天未必会来，只有今天，以及你今天可以做的事情。

里奇蒙德·沃克为戒酒者写过一本冥想书《每天二十四小时》，其中一篇的开头写道："任何人都能应对当下一天的挑战。真正让我们感到崩溃的，是两个永无止境的永恒——昨天和明天。让人焦虑不安的，不是今天过得如何，而是来自对昨天的悔恨和对明天的担忧。因此，让我们尽力过好当下每一天。"

创作的终点不是加冕封王，从此过上安逸无忧的日子。真正的创作之旅是像菲尔一样，每天醒来都要重新面对同样的一天。

我们如何度过每一天，便如何度过一生。

——安妮·迪拉德，美国作家

建立日常惯例

靠技艺和惯例创作，确实不如凭天赋创作那样迷人，但它能帮你保持清醒。

——克里斯托夫·尼曼，德国插画家

生活总是起起伏伏。有些日子你会感到灵感迸发，充满干劲；有些日子你却一筹莫展，心灰意冷。还有些时候，好坏难辨，平淡如水。

日常惯例能帮助你顺利度过一天并且充分利用这一天。正如作家安妮·迪拉德所写："日程表可以抵御混乱和任性。它就像一张网，兜住那些稍纵即逝的日子。"当你不知道下一步该做什么时，日常惯例会指引你前行。

当时间紧张时，日常惯例会帮助你最大化利用有限的时间；当时间充裕时，日常惯例则会确保你不会浪费它。我曾在有全职工作的情况下写作，也曾全职在家写作，甚至在照顾孩子的同时坚持写作。无论是哪种情况，能让我持续写作的秘诀都是制订计划并严格执行。

在《创作者的日常》（ *Daily Rituals* ）中，作者梅森·柯瑞记录了 161 位创意人士的日常惯例：他们几点起床、何时工作、吃什么、喝什么，以及如何拖延等。这本书读起来像是一部人类行为大

每一天要做的事

☐ 听一首歌

☐ 读一首好诗

☐ 赏一幅美图

☐ 说几句有道理的话

——歌德

赏，仅仅是阅读作家的日常惯例，就好比是在参观一座人类动物园。卡夫卡喜欢在深夜写作，而普拉斯则选择在孩子醒来之前的清晨开始创作；巴尔扎克每天喝五十杯咖啡，而歌德则喜欢闻烂苹果；斯坦贝克在写作前要先削好十二支铅笔。

读这些创意人士的日常惯例的确很有趣，但随着阅读的深入，你会发现，世上并不存在一种放之四海而皆准的完美创作模式。正如柯瑞所说："一个人的日常惯例是各种妥协、执念和迷信的独特结合，它通过不断试验和调整形成，并受到外部条件的影响。"你无法直接照搬自己最喜欢的艺术家的惯例，并指望它对你也同样奏效。每个人的一天都承载着不同的责任，比如工作、家庭或社交生活，而每位创作者也都有着各自独特的性情和特点。

要建立自己的日常惯例，你需要先花些时间观察自己的生活节奏和精神状态。你的日程里有哪些空档？你能删减哪些活动来腾出时间？你是早起的知更鸟，还是晚睡的猫头鹰？（我很少遇到喜欢在下午工作的人。狄更斯曾写道："我讨厌这个不伦不类的时间段，

缪斯女神

已经准备好

给我惊喜

如果　　　我

每天都出现　　并且

对她说一句

"要一起待会儿吗？"

它既不是白天，也不是夜晚。"）有没有一些听起来荒诞的仪式或迷信，能让你迅速进入创作状态？（我写这段话时，嘴里正叼着一支被涂成香烟样的铅笔。）

对于一些人来说，严格的日常惯例可能听起来像坐牢。可话说回来，我们不都是在以某种方式"服刑"吗？当说唱歌手小韦恩坐牢时，我竟然有些羡慕他的作息：每天上午十一点起床，喝咖啡、打电话、洗澡、读粉丝来信，午饭后继续打电话、读书、写作，晚饭后做俯卧撑、听广播，接着阅读，最后上床睡觉。我跟妻子开玩笑地说："天啊，要是我进了监狱，估计能写出一堆作品。"（我在参观恶魔岛联邦监狱时，心想它完全可以成为作家的聚集地。想象一下那个画面！）

适当的"囚禁"，反而能让你获得自由。日常惯例不是在限制你，而是在保护你免受生活起伏的干扰，让你更好地利用有限的时间、精力和才华。规律的生活作息能培养良好的习惯，帮助你创作出最好的作品。

更有趣的是，当你大多数日子都井然有序时，那些偶尔打破常规的日子就会变得格外有趣。

日常惯例的具体内容并不重要，关键是你得先有一个。先简单搭建一个适合自己的模式，大多时候坚持执行，偶尔打破常规以增添乐趣，并根据情况灵活调整。

我的宿醉计划都得提前一年安排好。

———约翰·沃特斯，美国导演

列清单

　　我列清单是为了缓解焦虑。如果我写下十五个待办事项，那种模糊、令人烦躁的不安就会消失。我不再觉得有无数任务压在身上，也不必担心它们随时会被自己忘得一干二净。

——玛丽·罗奇，美国作家

清单能为混乱的世界带来秩序。我很喜欢列清单。每当我感到生活混乱或需要厘清方向时，我就写一张清单。清单能帮你把所有想法从脑海中整理出来，减轻大脑的负担，让你能专注于真正解决问题，而不是让想法无休止地在脑子里打转。

当我感到焦头烂额时，我会用最朴素的待办清单来厘清思路。我会列出所有需要完成的任务，从中挑选出最紧迫的那一项，然后着手去做。完成后，我会把它从清单上划掉，再选择下一项任务。如此反复。

在我喜欢的艺术家中，有些人会列"待画清单"。比如大卫·施里格利，他会提前一周列出一份包含五十项内容的待画清单。有了这份清单，他就不必在工作室里浪费时间纠结该画什么。他说："这些年我学到的一个简单道理，就是只要有一个起点，工作似乎就会自然而然地完成。"

达·芬奇会制作"待学清单"。他每天早上起床后，会写下当天想要学习的所有内容。

如何快乐

① 阅读经典书籍。

② 去远足。

③ 弹钢琴。

④ 和孩子们一起创作艺术。

⑤ 看荒诞喜剧电影。

⑥ 听灵魂音乐。

⑦ 写日记。

⑧ 打盹儿。

⑨ 看月亮。

⑩ 瞎列个清单。

给自己的笔记

当我有些事情想做，但现在没空做时，我会把它们列在效率专家大卫·艾伦所说的"某天／也许"清单。作家史蒂文·约翰逊也有类似的做法，他用一个叫"灵感库"的文档来记录自己的想法，每当有新点子时，他就会把它加进去，然后每隔几个月就会回顾这个清单。

有时候，列出"不做什么"的清单也很重要。朋克乐队 Wire 的成员们尽管从未能在喜欢的东西上达成一致，但他们能够在不喜欢的事情上达成共识。所以在 1977 年，他们列出了一份规则清单：没有独奏、不作多余的修饰、不多废话、不合唱、不炫技、直奔主题、避免美式风格。这份清单定义了他们独特的音乐风格。

每当需要做决定时，"利弊清单"总能派上用场。1772 年，本杰明·富兰克林向朋友介绍了这个方法："在一张纸的中间画一条线，将它分成两栏，一栏写'利'，另一栏写'弊'。"查尔斯·达尔文在纠结是否结婚时，也用这招列了一张清单，帮助自己做出选择。

感谢：

请帮助我：

纸上祷告

如果早晨我感到毫无头绪，不知道日记该写什么，我会随机应变，灵活调整利弊清单。我会在纸的中间画一条线，一边写下让我感激的事情，另一边写下我需要帮助的地方，就像是一场写在纸上的祷告。

设计师亚当·萨维奇说："清单是有目标的归纳。"我喜欢在年底回顾一年的经历，所以我会列一份 TOP 100 清单，包括最喜欢的旅行、生活事件、书籍、音乐专辑、电影，等等。这个习惯是我从漫画家约翰·波瑟利诺那里学来的，他会在他的独立刊物 *KingCat* 中发布 TOP 40 清单。（他也是一个清单爱好者，总会为独立刊物列出长长的故事和绘画创意清单，然后再着手绘制。）每一份清单都像一份整理过的年度日记。每次翻看往年的清单，看看哪些变了，哪些还是老样子，总能让我感到心安。

当我需要在精神上给自己一些指引时，我会写一份属于自己的"十诫"，即一张包含"你应当"和"你不可"的清单。这么说来，这本书就是我的一份"十诫清单"呢！

你的清单就是你的过去和未来。随身携带它，并确定优先级：今天、这周、以后。你终有一天会带着未完成的事项离开这个世界。但在当下，在你仍然活着的时候，你的清单能帮助你在有限的时间里，专注于真正重要的事。

　　　　　　　　　　　　——汤姆·萨克斯，美国艺术家

让每一天止于今日。你已尽己所能，过错与荒唐总是难免，忘却便好。明日将至，当以从容之心迎接，不为昨日所累。

——拉尔夫·沃尔多·爱默生，美国作家

让每一天
止于今日

　　并不是每一天都能如我们所愿。所有的日常惯例和待办清单，都不过是心中的期望罢了。正如音乐人杰瑞·加西亚所说："你潜入水中寻找珍珠，但有时只能捞到蛤蜊。"

　　最重要的是，无论如何，都要撑到一天结束。无论多糟糕，都要熬下去，才能迎来明天。在和五岁的儿子度过一天后，小说家纳撒尼尔·霍桑在日记里写道："我们尽可能地把这一天混过去了。"有些日子，你只能尽力熬过去。

　　当太阳落山，回顾这一天时，别对自己太苛刻。学会放过自己，日子会好过很多。睡前列一份今天完成的事情清单，再写下明天想

"我们熬过这一天了吗？"

是的，

在

那些黑暗的日子里

这才是

最重要的问题

完成的事情清单，然后放空大脑，安心入睡，让潜意识来接管剩下的一切。

有些日子当下看起来没什么意义，但日后你或许会发现，这些日子有自己的目的、价值，甚至独特的美。电子游戏艺术家陈彼得年轻时喜欢画画，但如果画得不满意，他就会懊恼地把画作揉成一团丢掉。他的父亲劝他说，如果把那些"不好"的画铺平而不是揉成一团，垃圾桶就能装下更多。多年后，父亲去世，他在遗物中发现了一个标着自己名字的文件夹，里面装满了他曾经丢弃的画作。原来，父亲当时会悄悄地走进他的房间，把那些他认为值得保存的画作从垃圾桶里一张张捡起来，默默收好。

每一天都像一张白纸：填满之后，你可以选择保存它，也可以将它揉成一团，扔进回收箱随它去。至于它的价值如何，只有时间能告诉你答案。

每天都是新的战斗，坚持下去，说不定哪天好运就来了。

——哈维·皮卡，美国漫画家

建造你的
幸福之域

与外界断联，
与自己重连

你需要融入现实，才能找到表达生活的语言；但唯有暂时抽离其中，你才能洞察生活的本质，并找到最佳的表达方式。

——蒂姆·克雷德，美国漫画家、作家

创意既源于连接，也源于抽离。你需要与他人互动，从中汲取灵感并分享自己的作品；同时，你也需要从世界中暂时抽离，留出足够的时间去思考、专注于练习，这样才能创造出值得分享的作品。创作过程如同捉迷藏，在互动中获取灵感，在抽离中沉淀思考，最终呈现令人瞩目的作品。

安静与独处对创作而言至关重要。现代社会充满了推送、新闻、即时互动，艺术家几乎难以找到深度抽离的空间，去专注于自己的创作。

在《神话的力量》一书中，约瑟夫·坎贝尔提到，每个人都应该建立一个"幸福之域"：

你需要一个房间，或者每天抽出一小时左右的时间。在这个空间或时段里，你不关心早上的新闻，也不去想朋友的近况；你不会记得自己欠了谁什么，也不会在意别人欠了你什么。这个地方只是让你单纯地感受自己，探索你是谁，以及你可能会成为什么样的人。这是一个孕育创造力的场所。起初，你可能觉得这里什么都不会发生。但如果你将它视为神圣之地，并坚持利用它，某些事情终将悄然发生。

坎贝尔指出，"幸福之域"可以是一个具体的地方，也可以是一天中的某段时间。它可以是一个神圣的空间，也可以是一段神圣的时间。

豪华版的"幸福之域"组合是既有一个特别的空间，也有一段特别的时间。不过，如果没办法同时拥有这两者，拥有其中之一也可以满足需求。比如，你住在一个狭小的公寓里，和年幼的孩子们共享空间，无法划出一块固定区域作为"幸福之域"，那么你就可以充分利用时间来弥补。当孩子入睡、去上学或在托儿所时，哪怕是厨房餐厅，也能成为你的创作空间。反过来，如果你的作息完全无法预测，那就确保自己有个随时可以进入的空间，这样无论何时有空，都能立刻沉浸其中。

每天安排一个固定的时间，与外界断开联系，重新与自己连接，是保持健康的一种重要方式。尽管孩子、工作、睡眠，以及无数其他事情可能会对此造成干扰，但我们必须为自己找到一个神圣的空间，或者一段神圣的时间。

"你的幸福之域在哪里？"坎贝尔说，"你要努力去找到它。"

我车库里的"幸福之域"

打开 (crossed out)   退出登录

调频收听 (crossed out)   全部静音

放弃参与 (crossed out)   继续前行

我们这个时代最需要做的，是清理我们头脑中庞大的精神和情感垃圾，这些垃圾使政治和社会生活陷入病态。如果不加以清理，我们将无法看清。如果无法看清，我们也就无法思考。

　　　　　　　　　　　　——托马斯·默顿，美国作家

不必醒来就看新闻

信息填满了生活，但常识却在悄然消失。
——格特鲁德·斯坦恩，美国作家

我的一位朋友说，他每天早上醒来都会看到许多可怕的新闻，感觉快要承受不住了。我建议他大可不必醒来就看新闻，任何人也都不必。

新闻里几乎没有什么是我们早上醒来需要在第一时间知道的。如果一睁眼就拿起手机或打开电脑，实际上是在为焦虑和混乱敞开大门，同时也浪费了创作者一天中最有可能孕育灵感的宝贵时光。

许多艺术家发现，他们在刚醒来时的工作状态最好，因为此时头脑清晰，且处于半梦半醒的状态。导演弗朗西斯·福特·科波拉说，他喜欢在清晨工作，因为"那时还没有人起床，没有电话打扰，也没有心烦意乱"。 对我来说，清晨一睁眼就打开手机，总是让我很容易烦躁。即便偶尔并未感到烦躁，时间也已经不知不觉地流逝，思绪也被打乱。

当然，无论你什么时候关注新闻，它总有办法搅乱你的思绪。1852年，《瓦尔登湖》作者梭罗曾在日记中抱怨说，自从他开始阅读一份周报后，发现对自己生活和工作的关注减少了。他写道："要真正体会一天的丰富，需要超越一天的投入。当被遥远而引人注目的事物吸引时，我们往往会轻视眼前那些看似平凡的事物。"他认为生活的点滴比一份遥远的周报更值得关注，因此他决定不再阅读周报。166 年前，梭罗批评周报会影响专注，干脆不再读。而如今，我选择了一种平衡之道：读星期天的报纸，既能获取重要信息，又不会让新闻过度干扰我的生活。

如果你发现用手机叫醒自己破坏了清晨的心情，不妨试试以下方法：睡前将手机放到房间的另一端，或者放在你伸手够不到的地方。醒来后，尽量不要第一时间看手机。

还有很多更好的方式开启清晨：走进你的"幸福之域"，享用早餐、拉伸一下、做点运动、散步或跑步、听听莫扎特、洗个澡、翻翻书、陪孩子玩，或者只是静静地坐一会儿。哪怕只有十五分钟，也请留点时间给自己，别让清晨被新闻搅乱。

这不是逃避现实，而是为了守住内心的平衡和理智，让自己保持从容，更好地投入工作。

不必醒来就看新闻，这一天也可以过得很好。

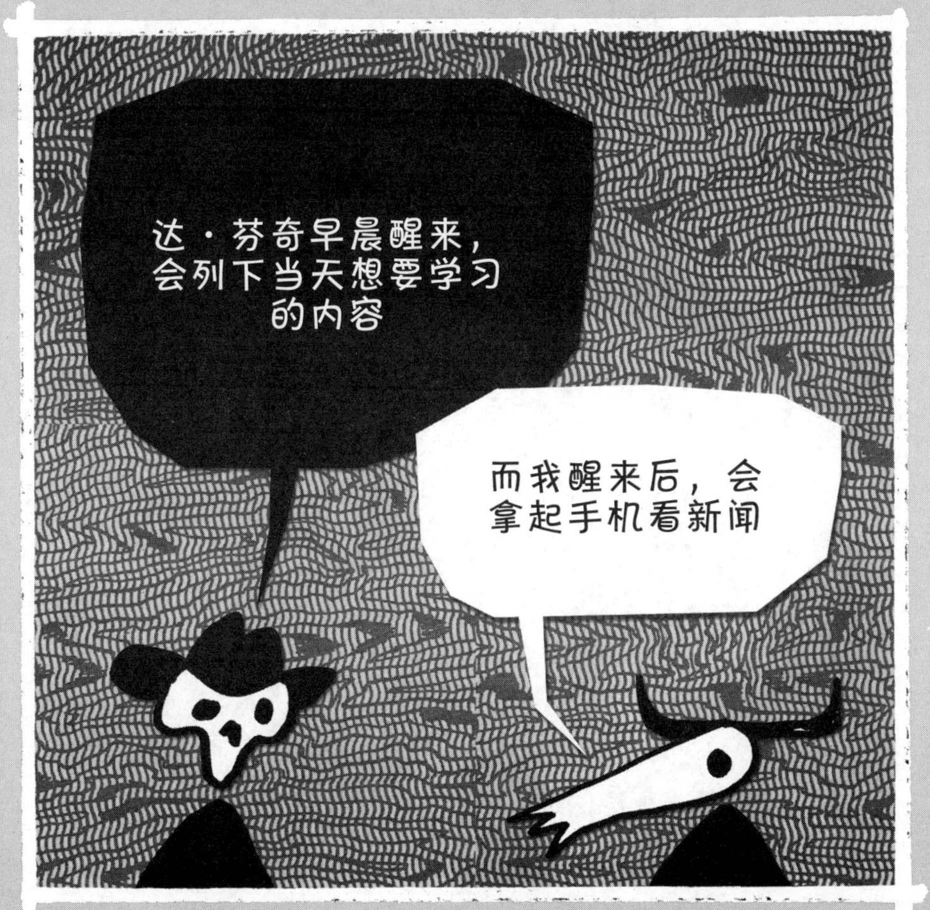
达·芬奇早晨醒来，会列下当天想要学习的内容
而我醒来后，会拿起手机看新闻

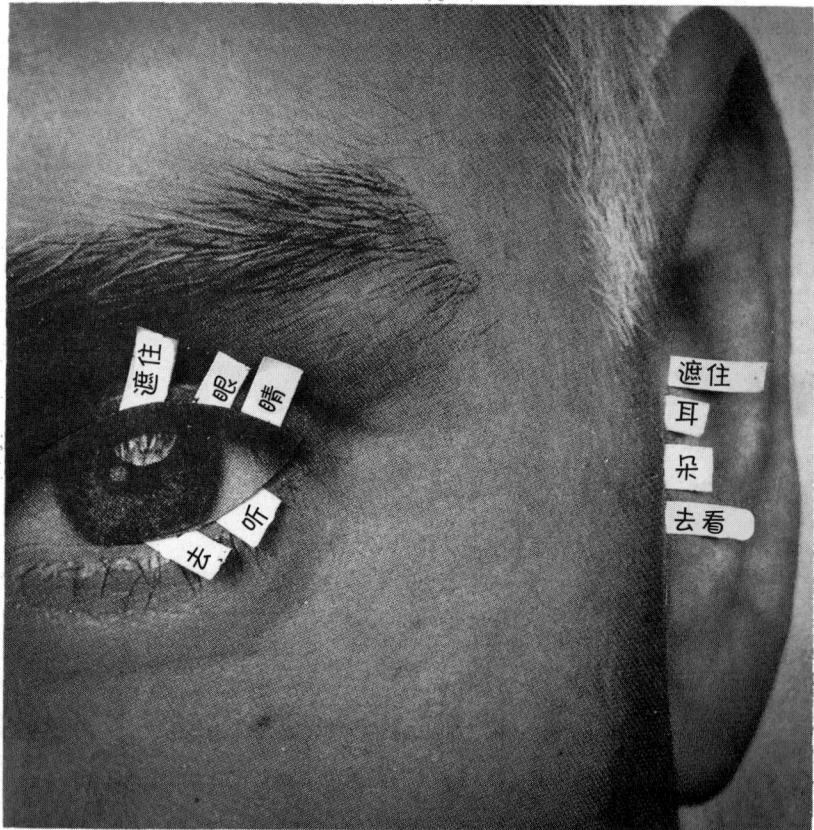
遮住眼睛去听
遮住耳朵去看

关注你的内心世界，远离广告、蠢人和电影明星。

——多萝西娅·坦宁，美国画家

手机带来了很多好处，但也夺走了能激发灵感的三种关键因素——孤独、不确定性和无聊。而恰恰是这些状态，孕育了创造力。

——琳达·巴里，美国漫画家

"飞行模式"也可以是一种生活方式

艺术家妮娜·卡查杜里安在她的长期项目《座位分配》(*Seat Assignment*)中，充分利用长时间与外界隔绝的飞行时间来进行艺术创作。她仅凭手机相机、随身携带的物品，以及在飞机上找到的材料，完成了一系列别具一格的作品。比如，她会在飞机上的杂志图片上撒些盐，创造出诡异的幽灵图像；用毛衣折成大猩猩的脸；甚至在飞机洗手间里，用卫生纸和座椅套把自己装扮成模特，自拍出重现佛兰芒古典风格的肖像照。

当许多人还在为手机成瘾苦苦挣扎时，卡查杜里安却将它变成艺术创作的工具。更有趣的是，没有人知道她在偷偷搞艺术。她

当无聊到

快要发疯

艺术家

就开始创作

说："一旦拿出一台专业相机，就等于向所有人宣告——'我在搞艺术！'"而用手机拍摄时，人们只当她是一个百无聊赖的乘客，在用刷手机打发时间。自2010年以来，卡查杜里安在两百多架次的航班上创作了《座位分配》，她说这么多年来，只有三位乘客问过她在做什么。

现在每当我坐飞机时，都会意识到这段时间正是创作的好机会。我的写作老师曾半开玩笑地说："写作的第一条规则就是'把屁股黏在椅子上'。"在飞机上，你必须把电子设备调成飞行模式，还必须老老实实地系好安全带坐着，这样的环境非常适合专注创作。

为什么不在地面上也复制这个经验呢？我们并不需要非得坐在飞机上才能体验飞行模式。只需戴上一副便宜的耳塞，把手机或平板调到飞行模式，就能把那些通勤路上的无聊时光，或者那些漫长无奈的等待时间，变成重新连接自我和投入创作的机会。

飞行模式不仅是手机上的设置，它也可以是一种生活方式。

几乎所有东西断电几分钟后都能恢复运作——包括你自己。

——安·拉莫特，美国小说家

我必须拒绝，原因保密。

———E.B. 怀特，美国作家

学会说 "不"

为了守护你宝贵的时间和空间，你需要学会拒绝来自外界的各种邀请。也就是说，你必须学会说 "不"。

作家奥利弗·萨克斯为了守护自己的写作时间，干脆在电话旁贴了一张醒目的大标语，上面写着 "NO!"。建筑大师勒·柯布西耶则有一套独特的时间管理方式：他每天上午专注于绘画创作，下午则全心投入建筑设计。他说："每天早晨画画能让我下午头脑更清晰。"为了确保两种创作互不干扰，他甚至用本名查尔斯－爱德华·让纳雷签署画作，而不是用他的建筑师名字 "勒·柯布西耶"。有一次，一名记者在他的绘画时间敲开了公寓的门，要求采访勒·柯布西耶。他直视对方，干脆地回答："抱歉，他不在。"

说"不"本身就是一门艺术。艺术家贾斯帕·约翰斯用一个特制的"遗憾"印章来回复各种邀请。作家罗伯特·海因莱因、评论家爱德蒙·威尔逊和 *Raw* 杂志的编辑们则使用带有勾选选项的回复模板，简洁明了地拒绝请求。如今，大部分邀请通过邮件发出，提前准备一份得体的拒绝模板，会让回复更高效。亚历山德拉·弗兰岑在文章《如何优雅地拒绝任何人》中提出了三步建议：感谢对方的好意，礼貌地拒绝，并在可能的情况下提供其他形式的支持。

　　社交媒体常常让人们感到"害怕错过"（fear of missing out，FOMO）。刷社交媒体时，总觉得其他人都在过着比自己更精彩的生活。解决这一问题的方法是"喜于错过"（joy of missing out，JOMO）。正如作家阿尼尔·达什所说，看到有人在尽情享受一场你可能也会喜欢的活动，坦然接受并庆祝这种错过，可以带来一种平静且幸福的满足感。

　　对外界说"No"并非易事，但有时，这是为艺术创作和内心安宁说"Yes"的唯一方式。

对

任何

不是

我

的

人

说"不"

亲爱的 ———————————，

　　非常感谢你想到我。

　　但遗憾的是，我只能
拒绝。

　　祝好，

　　———————————

我背对世界作画。

——艾格尼丝·马丁，美国画家

③

忘记名词，
专注动词

"创意工作者"
不是一个名词

　　在别人认可你之前，你必须先有实际行动。艺术家、建筑师、音乐家这样的头衔，必须通过某种方式赢得。

　　　　　　　　　　　——戴夫·希基，美国艺术评论家

许多人渴望成为某个"名词"，却不愿付诸相应的"动词"；他们追求头衔，却不愿承担实际工作。

别执着于成为什么，去做真正该做的事。只有把注意力放在"动词"上，你才能走得更远，看到更广阔、更有趣的世界。

别让标签限制了你的行动。当人们把"创意工作者"当成工作头衔时，这种做法不仅人为地将世界分成"有创意的"和"没有创意的"两类人，还会让人误以为"创意工作者"的任务就是"保持创意"。这种误解忽视了一个事实：创意本身并不是目的，而只是一种完成某件事的手段。创意只是一种工具，它可以用来整理房间、画出一幅杰作，也可以用来设计大规模杀伤性武器。如果你只是追求成为一位"创意工作者"，最终可能只是忙着给人留下"我很有创意"的印象：戴名牌眼镜，用苹果笔记本电脑，在光线十足的工作室里拍照然后发到朋友圈……

头衔可能会误导你，让你被身份框住。如果你太在意头衔，就会陷入一种按部就班的模式中，从而忽略了实际工作需要的创造性和灵活性。头衔还会限制你的视野，让你觉得只能做某些特定的事情。如果你只把自己定义为"画家"，那当你想尝试写作时怎么办呢？如果你只认定自己是"电影制片人"，那当你想尝试雕塑时又该如何是好？如果你总是等待别人先给你头衔再开始做事，那你可能永远也做不成什么。你不能等别人先称你为艺术家才开始创作，否则你将永远无法成为真正的艺术家。

如果有一天，你得到了那个梦寐以求的"名词"，被授予了期待已久的头衔，也依然不要停止践行你的"动词"。

头衔是为别人而设的，方便他们认识你，而非用来定义你是谁。让别人去操心那些吧！必要时，把名片烧掉，告诉自己头衔不过是工具而已。

忘记名词，专注动词。

我不知道自己是什么。但我知道，我不是一个类别，也不是某种事物或某个名词。我更像是一个动词，一个持续进化的过程。

　　　　　　　　——巴克敏斯特·富勒，美国建筑师

真正的工作是 "玩儿"

孩子们都是在玩儿中认识世界。英语中有一个表达叫 child's play，字面意思是"孩子的玩耍"，它常用来形容轻而易举的事情。但如果你仔细观察，就会发现孩子们的玩耍远谈不上轻松。正如玛丽亚·蒙台梭利所说："游戏是孩子的工作。"当我的孩子们在玩耍时，他们全身心投入，目光如激光般专注，脸上写满了认真。一旦他们无法让手中的东西听从自己指挥，就会大发脾气，甚至歇斯底里地大哭大闹。

然而，当孩子们玩得最投入的时候，往往

是轻松自在的，对结果也不在意。我的儿子朱尔斯两岁时，我花了很多时间观察他画画。我发现他对最终的画作完全不在意，他所有的注意力都集中在画画的过程中。当他画完一幅画后，无论我是把它擦掉、扔进回收箱，还是挂在墙上，他都完全不在意。他画画时根本不在意用什么工具，蜡笔、马克笔、粉笔都行，画在纸上、白板上、车道上都一样开心。他甚至会拿粉笔在户外的沙发垫上涂涂画画，这着实让我们这些鼓励他创作的家长有些为难。（他画得太好了，以至于我妻子决定把它们绣出来。同样，他对此依然完全不在意。）

玩耍是孩子的工作，也是艺术家的工作。有一次，我在旧金山的米慎区散步时，和一位街头画家聊了起来。当我感谢他抽出时间与我聊天并为打扰到他的工作道歉时，他说："这对我来说并不是工作，更像是玩耍。"

伟大的艺术家一生都能保持这份玩玩的心态。当艺术家开始想太多，太在意结果，艺术便不再鲜活，艺术家也因此陷入困境。

想要保持轻松，回到孩童般玩耍的状态，其实有一些诀窍。作家库尔特·冯内古特曾给一群高中生写过一封信，布置了一项特别的作业：写一首诗，但不要让任何人看到它。然后，把它撕成小碎片，丢进垃圾桶。"你会发现，写下这首诗本身就足以让你感到无比满足。你感受到了创作的乐趣，重新审视了自己的内心世界，还让精神变得更加丰盈。"冯内古特说，这就是艺术创作的本质："无论结果如何，艺术创作都是对心灵的一次滋养，值得每个人去尝试。"他一生中多次重申类似的建议，还告诉女儿南奈特，不妨创作一件艺术品然后把它烧掉，"作为一种精神上的练习"。（焚烧作品的确有一种情绪宣泄的作用。艺术家约翰·巴尔德萨里就曾因对自己的早期作品感到厌倦，将它们统统火化，并将灰烬装进一个象征性的骨灰盒中。）

别人

看起来

是　　工作

我却

觉得

是在

玩儿

我们做事的方式

是 努力

地

玩儿

当你感到失去了那种"玩儿"的心态时,不妨试着用玩儿的方式把它找回来。不一定非得用焚烧作品那样极端的做法。音乐人可以随意即兴演奏,不必在意是否录音;写作者和艺术家可以随手创作一页,然后随意丢弃;摄影师也可以拍几张照片,拍完后直接删掉。

没有什么比尝试新玩具更能让"玩儿"变得有趣。试试不熟悉的工具和材料,鼓捣一下新鲜玩意。如果还找不到玩儿的感觉,不妨试试这招:创作"最差"的作品。比如,画一幅最丑的画,写一首最尬的诗,或者唱一首最难听的歌。你会发现,用故意搞砸的方式创作,真是其乐无穷!

最后,多跟孩子们一起玩玩吧。玩一局捉迷藏,画一幅手指画,搭起一座积木塔,再把它推倒。在这些游戏中,不妨尽情"偷师",汲取灵感。就像作家劳伦斯·韦施勒那样,他每次琢磨写作时,就会玩自己的木积木。他说:"我女儿不能碰这些积木,它们是我的。"

别把自己困住。轻装上阵,玩起来!

你必须练习变得愚蠢、迟钝、不去思考，清空一切。这样你才能开始行动……试着做一些糟糕的作品——尽可能糟糕的那种，然后看看会发生什么。但最重要的是放松，别太在意其他事。你不需要对这个世界负责，你只需要对自己的创作负责——所以，去做吧！

　　　　　　——索尔·勒维特（美国艺术家）致伊娃·海瑟（美国雕塑家）

把作品当作礼物

当你开始想着钱，上帝就离开了房间。

——昆西·琼斯，美国音乐制作人

守护你的热爱

　　当下有一种文化现象，每次遇到都会让我忍不住吐槽。设想下面的场景。

　　你有个朋友，他织的围巾非常漂亮。在长途通勤的火车上，织围巾是他整理思绪、打发时间的最佳方式。

　　你还有个朋友，她热爱烘焙蛋糕。每当工作让她感到疲惫时，她就在夜晚或周末通过烘焙来释放压力。

　　某一天，你们仨一起参加一个生日派对。爱织围巾的朋友把他最近织好的围巾送给了寿星，那条围巾精致得赢得了众人的夸赞。

　　如今，在场的人可能会说：

"你真该把它挂到网上去卖！"

当寿星拆完礼物，热爱烘焙的朋友端出了她亲手做的蛋糕，大家吃得心满意足，忍不住轻声称赞。

这时，大家会说什么？

"你可以开一家蛋糕店了！"

我们现在都被"训练"得习惯于用商业词汇夸赞我们欣赏的人。任何人只要展现出任何才华，我们就会建议他们把才华变现。仿佛对他人最高的赞美就是和他说："你做得太好啦，完全可以靠它来赚钱！"

我们过去有"爱好"，现在我们只有"副业"。随着美国大环境不好，社会保障堪忧，稳定的工作日渐消失，那些曾让我们放松心情、暂时忘却工作、赋予生活意义的闲暇活动，如今被我们视为潜在的收入来源，或是一种逃离朝九晚五工作的选择。

我无比幸运。在某种程度上，我正在过着梦想中的生活，因为我在做着即便不挣钱也会去做的事情，并且还能靠它挣钱。不过，

如何活下去

① 找到可以滋养你精神的东西

② 把它变成维持生计的依靠

③ 等等，好像哪里不对劲？回到第一步吧！

工作

一旦

开始

赚钱

作品

就　　　　　　　变差了

一旦把热爱变成养家糊口的手段，情况往往就没那么简单了。每一个把兴趣变成挣钱方式的人都会告诉你，这种做法充满风险。最容易让人对热爱失去兴趣的方式，就是把它变成工作：把原本滋养你精神的东西，变成了维持生计的依靠。

在考虑将热情变现之前，你需要好好权衡它会对生活带来怎样的影响。你可能会发现，保留一份稳定的正职工作是更好的选择。

即使你开始靠作品谋生，也别急着把每一个创意都变现。至少留下一小部分创作空间，不受市场左右，让它真正属于你自己。

艺术家和自由职业者的经济状况向来不稳定，因此，要明确自己想要的生活方式，合理规划支出，并明确界定哪些事可以为了钱去做，哪些事不能妥协。

记住，如果你想要最大的创作自由，就必须保持低开销。真正自由的创作生活，不是量入为出，而是让开销远低于收入。

那些励志演说家高喊着："去做你热爱的事吧！"但我觉得，那些常鼓励别人无论如何都要追随热爱的人，也应该教教大家该如何理财。

做你热爱的事 + 低开销 = 美好人生；

做你热爱的事 + 高物欲 = 定时炸弹。

有一个无法变现的爱好，往往是件好事……所以尽管去追逐梦想，而一旦它变成你的工作，就该掉头向另一个方向跑。

　　　　　　　　——戴维·里斯，美国漫画家、幽默作家

并非所有能被衡量的东西都重要，也并非所有重要的东西都能被衡量。

　　　　　　——威廉·布鲁斯·卡梅伦，美国作家

忘记数字

　　不只是金钱会影响创作。作品一旦发布到网上，它也会受到另一套指标的影响，比如网站访问量、点赞、收藏、分享、转发和粉丝数量。

　　人们容易像痴迷金钱一样沉迷于网络数据。这种执念会让人忍不住根据这些数据来决定创作方向，而没有意识到，仅靠这些数据做判断是片面的。电商网站上的排名不会告诉你，是否有人把你的书读了两遍，喜欢得不得了，还推荐给朋友。朋友圈的点赞数不会告诉你，你的作品是否在某个人的心里停留了一个月。播放量只是一个数字，它无法与一个真实站在你演出现场、随着音乐跳舞的观众相提并论。点击量的意义是什么？目前来看，它让整个互联网充

要做的事:

- [ ] 不贪尽眼前利益

- [ ] 不盲目追求更高的目标

- [x] 不轻取唾手可得之物

满了"标题党"内容，创作模式越来越受流量导向驱动，打造"爆款"成了首要目标。

我早就发现，自己真正热爱的创作内容，和它在网上获得的点赞、收藏、转发数量之间几乎没有关系。很多时候，我投入大量时间精心制作的作品，无人问津；而那些随手做出的、自己觉得很一般的作品，却意外走红。如果我让这些数据来决定我的创作方向，恐怕我坚持不了多久。

如果你常在网上分享作品，不妨偶尔放下对数据的关注，试着拉长发布内容和查看反馈的间隔。比如，发完作品后至少一个星期不看任何评论。关掉创作平台上的数据分析功能，专注于自己的创作。你甚至可以在浏览器上装个插件，屏蔽社交媒体上的所有数据。

当放下对数据的关注，你的注意力会更多地放在作品的质量上。它好吗？真的好吗？你喜欢它吗？你还会更加关注作品中那些无法被量化的地方，比如它对你的精神世界意味着什么。

没有艺术家能够仅仅为了结果而创作，他必须也喜欢创作的过程。

——罗伯特·法拉·卡彭，美国牧师、作家

别为了赚钱而创作——你永远不会觉得赚够了，也不要为了成名而创作——你永远不会觉得自己足够出名。把作品当成礼物，认真去创作，期待有人能看到并喜欢它。

——约翰·格林，美国作家

没有礼物，
就没有艺术

你知道成功（success）是什么，或者至少你有自己对成功的定义。（对我来说，成功就是每天都能按自己想要的方式度过。）

还有一种"糟糕的成功"（suckcess）——它可能是别人定义的成功，可能是你不配却侥幸得到的成功，或者是那些本来一无是处的东西莫名其妙走红，被包装成了成功故事，又或者是成功本身，或对它的执念，最终变成一场折磨。

正如诗人让·科克托所说："有一种成功比失败更糟糕。"他说的，正是这种"糟糕的成功"。

在《礼物》一书中，刘易斯·海德认为，艺术既属于礼物经济，也属于市场经济，但"没有礼物，就没有艺术"。当创作完全受市场驱动，比如只关注流量和销量时，它就会迅速丧失那份让它真正成为艺术的礼物特质。创作的热情总有起伏，我们都会经历迷失与找回初心的循环。当你觉得自己的创作激情正在消退，最好的做法就是暂时忘掉市场，把作品当作礼物去创作。

世界上最纯粹的事情，莫过于为某个特别的人，特意创造一件独属于他的东西。我儿子欧文五岁时，迷上了机器人。每当我开始否定自己、对工作感到沮丧时，我就会停下来，花半个小时，用胶带和杂志拼贴一个机器人。当我把机器人送给他时，他总是立刻动手，也做一个送给我。我们就这样互相交换了一阵子，直到他像所有孩子一样，突然不再对机器人感兴趣，转而迷上了别的东西。那些机器人，至今仍是我最喜欢的作品。

试试看：如果你情绪低落，对自己的工

作感到厌烦，就选一个对你来说特别的人，为他们做点什么。如果你有庞大的受众，就为他们创造一份特别的作品，然后无偿地送给他们。或者，抽出时间，把你擅长的事教给别人。感受一下，看看这是否能让你走出低谷。

你永远无法预料，一份为某个人创造的礼物，最终是否会变成献给全世界的礼物。想想有多少家喻户晓的经典作品，起初不过是为某个孩子讲的睡前故事。A.A. 米尔恩为他的儿子创造了小熊维尼。阿斯特丽德·林格伦的女儿卡琳卧病在床，她让妈妈给她讲个故事，并要求故事里的女孩叫"长袜子皮皮"。C.S. 路易斯则说服 J.R.R. 托尔金，把托尔金讲给孩子的奇幻故事改编成了《霍比特人》。这样的例子不胜枚举。

把作品当作礼物，在创作中重新找回自己的天赋。

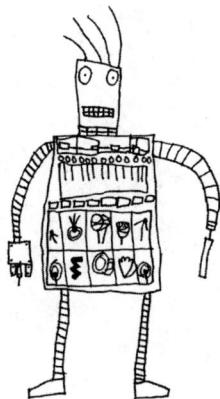

你想打动谁？

如果有一天你走了好运，吸引了一大批观众来看你的作品，但很可能，很可能最终只有极少数人的意见对你来说真正重要。因此，不如现在就找出这些人，为他们创作礼物，并不断地为他们创作。

我真正关心的，是能否触动某一个人。

——豪尔赫·路易斯·博尔赫斯，阿根廷作家

平凡+专注=
非凡

你什么都不缺

这句话至今仍然成立：心向美者，终将遇见美。
——比尔·坎宁安，美国摄影师

在我最欣赏的艺术家中，有一位修女。

20 世纪 60 年代，玛丽·科里塔·肯特修女在洛杉矶圣心学院（Immaculate Heart College）教授艺术。她受安迪·沃霍尔作品展的启发，开始尝试丝网印刷。她拍下了城市里随处可见的广告和招牌，这些东西在人们眼里不过是杂乱无章的废物，甚至是让人反感的视觉污染。她将它们从原本的商业语境中抽离，与手写的流行歌词、圣经经文拼在一起，重新印刷，使它们呈现出宗教布道般的意味。比如，她把一袋美国超市常见的旺德（Wonder）牌面包变成了圣餐的象征。她借用了美国食品巨头通用磨坊（General Mills）的广告口号"The Big G Stands For Goodness"。原本这句广告的意思是"大写的'G'代表美好"，而在她的作品中，她让标语中的 G 看起来像是在指代上帝（God）。她还将美国连锁超市 Safeway 的商标名字拆分成两个单词，"Safe"（安全）和"Way"（道路），使其从一个超市品牌变成指向救赎之路的标语。信徒的任务是在万物中发现上帝，而肯特则在广告中看到了神性。

尽管洛杉矶的景观多以人工建造为主，并非人们寻找美的首选之地，但肯特从中发掘了它独特的美。

肯特认为她所做的，无非是把普通的事物变得"不普通"（她认为"不普通"比"艺术"这个词更贴切）。她说："我不认为这是什么艺术，我只是把自己喜欢的东西放大。"她有自己独特的观察方式，并教学生用这种方式去看世界。在一次课堂作业中，她让学生制作一种她称之为"取景器"的工具——在一张纸上裁出一个矩形窗口，以模拟相机的取景框。然后，她带着学生外出，教他们如何取景，如何"为了看而去看"，去发现那些他们过去从未留意过的事物。

真正伟大的艺术家能在普通的事物中发现独特之处。我最喜欢的艺术家，他们大多擅长在普通的环境下，用平凡的材料，创造出非凡的艺术。哈维·皮卡尔在克利夫兰的退伍军人医院当了大半辈子的档案管理员。他在工作之余收集故事，把它们随手写成简笔画剧本，最终这些手稿变成了他的漫画代表作《美国辉煌》。艾米丽·狄金森在自己的房间里，在废旧信封的背面写下了那些不朽的诗篇。

望远镜　借助　玻璃　捕捉　宇宙之光，而　我们的　任务　是　知道　该把　目光投向何处达达主义艺术家汉娜·赫希直接用工作中的裁缝纸样拼贴艺术作品。摄影师萨莉·曼则是用镜头记录下她的三个孩子在弗吉尼亚州农场上玩耍的美好瞬间。（她的朋友，画家赛·托姆布里曾经坐在莱克星顿小镇的沃尔玛外面，观察人群来寻求灵感。）

人们总是天真地以为，换上全新的生活，创作上的问题就会迎刃而解。以为只要能辞掉工作，搬到一座潮流都市，租一间完美的工作室，结识一群才华横溢又特立独行的人，那么一切烦恼就烟消云散了！

这些当然都是一厢情愿的想法。你并不需要拥有非凡的生活，才能创造出非凡的作品。你需要的所有东西，都可以在你平凡的生活中找到。

雷内·马格利特说，他创作艺术的目标是"为我们看待身边普通事物的方式注入新的生命"。这正是艺术家们应该做的：他们通过格外关注自己的世界，来引导我们更用心地观察自己的世界。把生活变成艺术的第一步，就是开始认真关注生活。

我的理念一直是尝试从日常和普通事物中创造
艺术……我从没想过必须离开家才能创作。

——萨莉·曼，美国摄影师

慢下来，画出来

让我们慢下来，不是指步履或者言语，而是指心绪。

——约翰·斯坦贝克，美国作家

如果你以闪电般的速度疾驰，就不可能真正关注到自己的生活。当你的工作是去发现那些别人看不见的东西，你得慢下来，才能真正去观察。

在这个速度至上的时代，慢下来需要特别的训练。艺术评论家彼得·克洛希尔接触冥想后，意识到自己花在真正欣赏艺术上的时间是如此之少："我常发现自己在博物馆里，花更多时间阅读墙上的介绍说明，而不是我本应该好好欣赏的画作本身！"受慢食和慢烹饪理念的启发，他开始在画廊和博物馆里组织"一小时／一幅画"的活动，邀请参与者用整整一个小时，慢慢地看一幅画。慢看艺术渐渐流行起来，如今美国很多博物馆都在举办这样的活动。慢艺术日（Slow Art Day）官网上总结了慢看的核心思想："当人们慢下来……他们会发现新的东西。"

慢看确实很有帮助，不过我总是想让双手忙起来。我最喜欢的动手方式是画画，它迫使我慢下来，仔细观察生活。绘画这项古老的技艺已有几千年的历史了，任何人都可以使用廉价的工具来

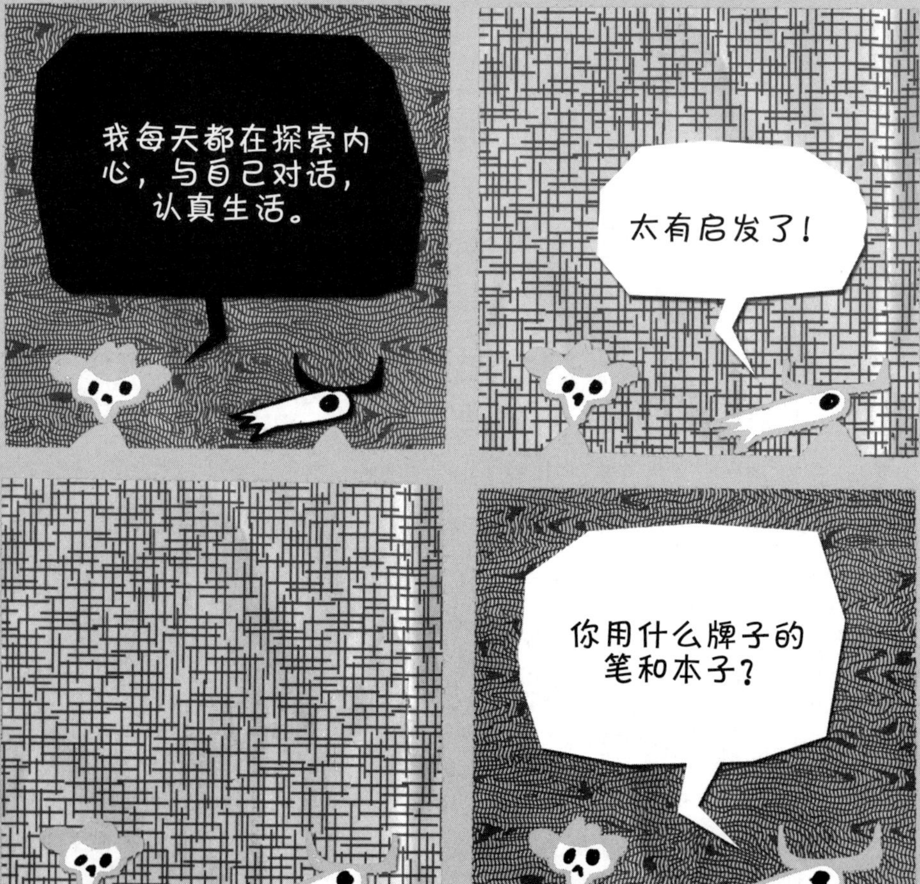
我每天都在探索内心，与自己对话，认真生活。
太有启发了！
你用什么牌子的笔和本子？

往上看

完成。你不需要成为艺术家才能画画，只要能感受到世界，你就能画画。

漫画家克里斯·韦尔说："画画只是另一种观察世界的方式，而我们成年人往往忽略了这种方式。"他说，我们每个人都生活在"记忆和焦虑的云雾中"，而画画能帮助我们活在当下，专注于眼前的事物。

由于画画本质上是一种观察练习，因此即使画得不好，依然能从中收获良多。影评人罗杰·厄尔伯特在一篇文章中说，他晚年喜欢上了素描，是因为"通过在某个地方坐下来画点东西，我被迫去认真观察它"。他说，画画是"更深入体验一个地方或时刻的方式"。

画画不仅能让你看得更清楚，还能让你感觉更好。厄尔伯特观察到："拿着素描本的艺术家，总是看起来很快乐。"作家莫里斯·桑达克则说："这是妙不可言的魔法时刻。所有性格上的缺陷、个性中的瑕疵，还有那些纠缠你的烦恼，都在这一刻消失了，变得无关紧要。"

手机的拍照功能让我们随时随地捕捉眼前的一切，但画画依然能带来独特的体验。20 世纪 60 年代，以捕捉"决定性瞬间"而闻名的摄影师亨利·卡蒂埃 – 布列松重拾了自己最初的热爱——绘画。他在《心灵之眼》（ *The Mind's Eye* ）一书中写道："摄影是即时反应，绘画则是一种冥想。"2018 年，大英博物馆注意到越来越多的游客对素描感兴趣，于是开始向参观者提供铅笔和纸张。一位策展人说："如果你手里有纸和铅笔，你会在一件作品前停留更久。"

想要慢下来，关注自己的世界，就拿起一支铅笔和一张纸，把你看到的画出来。（铅笔最独特的优点是，它不会用消息或通知打断你。）你可能会发现，画画能让你看到那些原本未曾注意到的美。

正如漫画家 E.O. 普劳恩所说："当你开始画画，世界会变得更美好。"

绘画是一种让我不断重新发现世界的修行。我发现，凡是我没画过的，就从未真正看见；而当我开始画一件平凡的东西时，才意识到它是多么非凡，简直是奇迹。

　　　　　　　　——弗雷德里克·弗兰克，画家、雕塑家

关注你的注意力

对于任何试图找出人生方向的人：关注你的注意力。这基本上就是你需要知道的一切。

——艾米·克劳斯·罗斯恩塔尔，美国作家

你的注意力是你最宝贵的财富，这就是为什么所有人都想夺走它。你要先学会保护它，然后再决定该把它放在哪里。

正如电影里说的："枪口别乱指，小心走火！"

你的注意力决定了你的生活和工作。心理学家威廉·詹姆斯在1890年写道："我的经验源自我愿意关注的事物。唯有我注意到的东西，才能塑造我的思维。"

我们通常会关注自己真正在乎的事，但有时候，我们并不清楚自己究竟在关注什么。我坚持写日记有很多原因，但最主要的原因是，它能帮助我关注自己的生活。每天早晨坐下来记录生活，我便是在关注它。而随着时间的推移，我就拥有了一份关于自己注意力去向的记录。许多写日记的人懒得回头重读，但我发现，重读日记能让其价值翻倍，因为这样一来，

> 保持专注，这是我们该做且永远要做的事情。
>
> ——玛丽·奥利弗，美国诗人

我能看清自己的行为模式，知道自己真正在乎什么，并更加了解自己。

如果艺术始于我们指向的注意力，那么生活则由我们关注的事物构成。设定一个固定时间，回顾自己最近的注意力放在了哪些地方。重读你的日记，翻看你的速写本。（漫画家凯特·比顿曾说，如果她写一本关于绘画的书，会取名为"关注你的画作"。）浏览你的相册，重看拍摄的视频，重听你录制的音乐。音乐人阿瑟·拉塞尔过去常常在曼哈顿长时间散步，同时用随身听播放自己的录音带。当你有了一套回顾自己作品的系统，你能更清晰地看到自己一直在做什么，以及接下来该做什么。

如果你想改变人生，就从改变你的注意力开始。作家杰萨·克里斯平说："我们通过关注某样事物来赋予它意义。因此，将注意力从一个事物转向另一个事物，的确可以改变你的未来。"

作家约翰·塔兰特说："注意力是爱最基本的形式。"当把注意力放在自己的生活上，你不仅会获得创作艺术的素材，也会爱上生活。

在 18

我

造我

什么

生活。

每天

一份

关于

能让

日记

心什

么，并

始终

清楚

的

是

我

想

个固定

你的速

写本。(

注你

的画

人阿　·拉

塞尔

己的

录音带)

做什

么，以

成为自己

看

会取

名

乐。

告诉我你关注什么，我就能告诉你你是谁。

——何塞·奥尔特加·加塞特，西班牙哲学家

6

终结艺术怪兽

艺术是为了人生
（而不是反过来）

　　无论艺术史多么辉煌，艺术家们的故事完全是另一回事。

　　　　　　　　　　　——本·沙恩，美国艺术家

关于艺术，如果要评选有史以来人们说过最蠢的一句话，我会提名《60分钟》评论员安迪·鲁尼说的一句话。他在涅槃乐队（Nirvana）主唱科特·柯本自杀后说："没有谁的艺术作品能比创作者本人更有价值。"

纵观几千年的艺术史，你会发现事实并非如此。实际上，许多伟大的艺术作品都是由自私的混蛋、道德败坏的人、吸血鬼，甚至更令人不齿的人所创作的。他们在自己的道路上，踩着一串受害者前行。借用小说家珍妮·奥菲尔在作品《猜想系》中的说法，这些人就是"艺术怪兽"。

要接受这样一个事实并不容易，甚至让人痛苦：那些在私生活中让我们不齿的人，竟然也能创作出美丽、动人，甚至对我们有益的作品。知道这些后，我们该如何看待它、应对它，这本身就是创作的一部分。

我们每个人心里都有一个小小的"艺术怪兽"。我们都很复杂，都有人性的弱点，甚至或多或少都有些与众不同的地方。如果我们不相信艺术能让我们超越生活中的自己，那么，艺术的意义又何在呢？

让我感到欣慰的是，我们的文化正在开始摒弃"艺术怪兽"这一现象。过去有一种荒谬的迷思，认为成为缺席的父母、骗子、施暴者、瘾君子，是创作伟大作品的必要条件，或者他们的道德缺陷能因艺术成就而被宽恕。而这种迷思正在被打破。如果创作伟大的作品曾让某些人得以逃避他们在人格上的巨大缺陷，那么那样的时代正在远去。这真是件大快人心的事！"艺术怪兽"既非必要，也不光彩，我们不应包容、原谅或效仿他们。

伟大的艺术家能够帮助人们重新审视自己的生活，并在其中发现新的可能性。作家萨拉·曼古索写道："成为一名严肃作家的意义，在于让人免于绝望。如果人们读了你的作品后，选择了继续生活下去，那么你就完成了自己的使命。"

道理很简单：艺术理应让生活变得更美好。无论是艺术本身，还是创作艺术的过程，都应该如此。如果你的艺术创作让任何人感到痛苦，包括你自己，那么这样的艺术就不值得继续做下去。

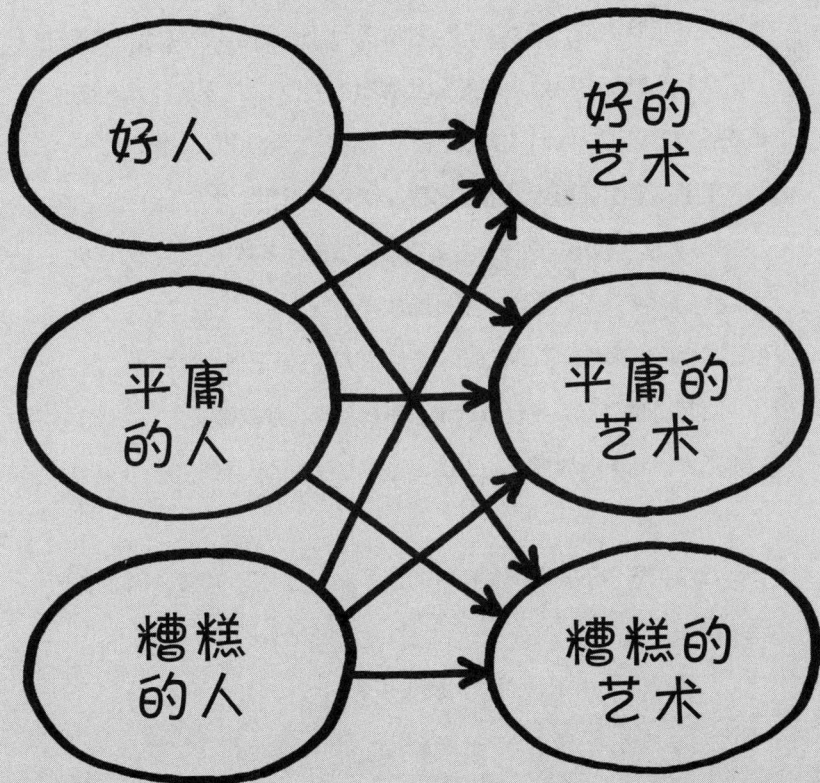

可能性

好人 → 好的艺术

平庸的人 → 平庸的艺术

糟糕的人 → 糟糕的艺术

作家兼心理学家亚当·菲利普斯说："对于那些正在受苦的人来说，他们往往会认为成为艺术家是一种解决问题的出路。而实际上，这往往只会让问题变得更糟。许多人因为这种对艺术家的误解而误入歧途，最终毁掉了自己。他们其实应该去做其他更适合自己的事情。"

也许，你并不适合成为艺术家。喜剧演员迈克·比尔比利亚写道："你或许更适合教孩子数学，或者为食品银行①募款，或者创办一家公司，专门为婴儿设计魔方。别排除放弃（当艺术家）的可能性。前方的路将会异常艰难，而你的时间也许可以花在更值得的地方。"

如果你的创作只是让世界增添更多痛苦，那就停下来，去做点别的事吧。找到更值得投入的事情，让你和身边的人都能感受到更多的生命力。

这个世界并不需要更多伟大的艺术家，它需要的是更多体面的普通人。

艺术是为了人生，而不是反过来。

————————

① 接济当地穷人、发放食品的慈善组织。

我支持能帮老太太过马路的艺术。

——克劳斯·奥尔登堡，瑞典雕塑家

7

允许自己
改变想法

衡量卓越智慧的标准，是能否在头脑中同时容纳两种对立的观点，并依然保持正常运作。例如，一个人应该能看清事情毫无希望，但仍然下定决心去改变它。

——F. 斯科特·菲茨杰拉德，美国作家

生命在于改变

我在读一篇关于气候变化的报道，里面提到一位曾经不相信气候变化的人，如今他改变了看法。他说："如果你从未改变过自己的想法，那掐自己一下，你可能已经死了。"

你上次改变想法是什么时候？我们害怕改变主意，因为害怕随之而来的后果，以及他人的看法。

在美国，你得有自己的观点，并且坚持到底，誓死捍卫。就拿政治来说，如果一个政客公开改口，那就是软弱的象征，甚至等同于认输。如果你总是改变主意，那就麻烦了，大家会觉得你优柔寡断，毫无立场。

> 我正在进行探索。我不知道这些探索会把我带向何处。
>
> ——马歇尔·麦克卢汉，20世纪原创媒介理论家、思想家

社交媒体把我们每个人都变成了政客和品牌。现在，人人都要经营自己的品牌形象，最怕的就是"人设崩塌"。

始终保持人设意味着完全清楚自己是谁、在做什么，但无论是在艺术还是生活中，这种确定性往往被看得过于重要，结果反而成为探索的阻碍。

艺术唯有在不确定性中，才能真正蓬勃发展。作家唐纳德·巴塞尔姆说，艺术家的常态就是"不知道"。作曲家约翰·凯奇曾说，不工作时，他觉得自己明白一些事，但一旦开始创作，才意识到自

我在读一篇关于气候变化的报道，里面提到一位曾经不相信气候变化的人，如今他

改

他

个

烦

改

他

个

烦

改

我

以为

自己把所有事情

都

搞错了

结果连这一点也是错的。

心

。麻

令他

担心

一就麻

令他

"

担心

他人的看法。

邓宁 - 克鲁格尔祷告

愿我聪明到能意
识到自己的愚蠢，并
有勇气继续前行。

---

* 　邓宁 - 克鲁格尔效应是一种心理现象，喜剧演员约翰·克里斯将其总
结为："愚蠢的人根本不知道自己有多愚蠢。"

己一无所知。编剧查理·考夫曼也说："某种程度上，这就是我的工作——坐在桌前，毫无头绪。"

创作开始时，你并不确定自己要去哪里，也不清楚最终会走向何方。画家格哈德·里希特说："艺术是希望的最高形式。"但希望不是预见未来，而是在不确定中阔步向前。希望本身就是应对不确定性的一种方式。丽贝卡·索尔尼特写道："希望就是拥抱未知和不可知。"要拥有希望，就必须承认自己无法掌握一切，也无法预知未来。保持对可能性的开放，并接受改变。要想让创意源源不断，保持创作状态，唯一的方式就是对未知保持开放，迎接可能性，并接受改变。

当然，改变想法需要进行真正的思考，而思考需要一个能够自由实验、不受评判的环境。因此，想要改变想法，你需要一个容纳"坏点子"的良好空间。

不幸的是，网络已经不再是一个可以进行实验性思考的良好场所，尤其是对于那些有受众或"个人品牌"的人来说。（"品牌"这个词听着就烦！好像我们全都成了牲口，身上被主人狠狠地烙上了印记。）

因此，想要改变想法，就得学会放下个人品牌，不再受人设束缚。而真正适合这样做的地方，是那些远离标签、允许你自由思考的线下生活。你的"幸福之域"、你的工作室、一个纸质日记本、一个私密聊天室，或者一间挤满亲密朋友的客厅——这些才是真正适合思考的地方。

抱团取暖 vs. 心灵契合

这个世界需要你在派对上发起真正的对话，勇于说"我不知道"，并保持善意。

——查理·考夫曼，美国编剧

我不会与网上的陌生人争辩。

我不会与网上的陌生人争辩。

我不会与网上的陌生人争辩。

我不会与网上的陌生人争辩。

我不会与网上的陌生人争辩。

我不会与网上的陌生人争辩。

我不会与网上的陌生人争辩。

我不会与网上的陌生人争辩。

我不会与网上的陌生人争辩。

我不会与网上的陌生人争辩。

我不会与网上的陌生人争辩。

我不会与网上的陌生人争辩。

"要学会独立思考！"这句话想必大家都听过无数次，但事实是，我们做不到。我们的思考离不开他人的帮助。

阿兰·雅各布斯在《如何思考》（*How to Think*）一书中写道："完全脱离他人的独立思考是不可能的。思考具有不可避免的、彻底的、奇妙的社会性。你所思考的一切都是对他人思想和言语的回应。"

问题在于，我们的文化正变得越来越封闭，人们倾向于待在观点相似的社群和网络中。在线下，这意味着人们的居住环境日益趋同，有些人主动选择与背景相似的人生活在一起，而有些人则受现实因素所限，被迫融入特定群体。在线上，我们浏览的网站、关注的账号，以及算法推送的内容，都在不断强化原有的观点，让人深陷信息茧房。

与持不同观点的人交流，会促使我们反思自己的想法，使其更加严谨；或者经过权衡，用更优的观点取而代之。如果总是和一群人抱团取暖，我们接触新思想、受其影响并改变的机会就会越来越少。你应该也有过类似的感觉：当你和一群喜欢相同艺术、听相同音乐、看相同电影的人待在一起，刚开始会觉得舒服，但时间久了，就会变得无聊，甚至让人感到压抑。

雅各布斯建议，如果你真想探索想法，不妨试着与那些观点契合程度没那么高，但心灵契合的人相处。这些人"天性开放，习惯倾听"，他们慷慨、友善、关心他人，且心思细腻。当你表达某个观点时，他们会"认真思考，而不仅仅是随口回应"。和这样的人相处，你会感到自在。

曾有一位读者给我留言，他说虽然他与我的政治观点不同，但他能认真听我说话，而不是直接忽略掉他不想听的内容。他猜想，这可能与创作精神有关，当你知道某个人正在尽力为这个世界带来新的、美好的事物时，那种人与人之间的共鸣便会自然产生。

尽力去寻找那些与你心灵契合、能让你产生这种共鸣的人。

拜访过去

每个时代都有其独特的视角。它特别善于洞察某些真理，也特别容易陷入某些错误。因此，我们都需要那些能够纠正这个时代特有错误的书。这意味着我们需要阅读旧书……当然，未来的书也能像过去的书一样起到纠正作用，但遗憾的是，我们无法阅读它们。

——C.S. 刘易斯，英国作家

大多数人过于关注新鲜事物，导致思维趋于一致，大家都在关注同样的事情。如果你发现难以找到和你一起深入思考的人，不妨去拜访那些已故的人。他们留下了许多深刻的见解，而且他们是极好的倾听者。

读读经典作品吧。人类存在已久，你遇到的几乎所有问题，都已经在几百甚至几千年前被人们讨论过了。罗马政治家、哲学家塞涅卡曾说，如果你读经典作品，你就能把作者一生的岁月加到自己身上。他说："我们没有被排除在任何时代之外，而是可以进入所有时代。为什么不从这短暂而转瞬即逝的时间中转身，全心全意地投入无限、永恒的过去中呢？那里有比我们更优秀的人，我们可以与他们共享智慧。"（这段话写于近两千年前！）

令人惊讶的是，尽管时代更迭，人类的生活在本质上并无太大变化。每当我读老子的《道德经》时，我都会感叹，其中的许多言论用来批评今天的政治人物依然毫无违和感。而当我翻阅梭罗的日记时，我看到了一个热爱植物、学历高、工作不顺、对政治有看法，

如果你想不出自己的点子：

① 找一个你讨厌并想推翻的流行观点；

② 再找一个早被遗忘的相反观点，让它重生。

还和父母同住的男人——他简直就是当下年轻人的写照！

我们的记忆如此短暂。不需要追溯太过遥远的过去，我们就能找回一些被遗失的美好。打开一本二十多年前的书，就如同打开了一只尘封的宝箱。

如果你想快速逃离当代生活的喧嚣，跳出同质思维圈，沉下心思考，不妨探访一下过去。过去是取之不竭的：每一天，我们都在创造着过去。

8

卡住的时候，
整理一下

整理工具，放任材料

书桌和地板上凌乱不堪，黄色的便利贴到处都是，白板上画得乱七八糟——这些都是人类思维混乱的外在表现。

——艾伦·乌尔曼，美国计算机程序员、作家这是一个对囤积癖人群不太友好的时代。"断舍离"的理念大行其道，一些电视节目也推波助澜，大肆宣扬收纳整理的重要性。许多自媒体博主也热衷于展示极致整洁的工作空间，推崇物品必须摆放得毫无瑕疵。这股风潮最终催生了近藤麻理惠的超级畅销书《怦然心动的人生整理魔法》。她的方法或许能帮你把放袜子的抽屉和厨房储物柜整理得井井有条，但对艺术创作是否真的有帮助，我深表怀疑。

　　我的工作室和我的思维一样，总是有点乱。书籍和报纸随处堆放，撕下来的图片贴满墙面，剪下的纸片散落一地。我的工作室乱糟糟的，这可是有讲究的。我喜欢这种混乱，并且有意保持它。

　　创造力源于连接，而把所有东西都规规矩矩地隔开，并不会促成这种连接。新的想法诞生于巧妙的碰撞，而这些碰撞往往来自事物的错落摆放。

　　你可能认为，整洁的工作室能让你更高效，从而创作出更多作品。也许在执行创作阶段，这确实有所帮助，比如在做版画时，整洁的环境能让你更顺利地印制作品。但当你需要构思下一张版画的设计时，环境的整洁与否并不会带来实质性的帮助。把生产力和创造力画上等号，是一个常见的误解。它们不仅不同，甚至经常对立——你往往会在效率最低的时候，创意却最旺盛。

当然，环境太乱也会影响工作。当你需要某样东西却找不到时，工作就会受到干扰。法国厨师遵循一种叫作"mise en place"的原则，意思是"就位"。它强调的是规划和准备，在开始工作之前，确保所有食材和工具都已准备就绪。安东尼·波登在《厨房机密档案》（*Kitchen Confidential*）中写道："对所有优秀的厨师来说，'就位'如同信仰一般重要。你的料理台，以及它的整洁程度与随时待命的状态，就是你神经系统的延伸。"

厨师的工作方式能给我们一个启发：准备就绪才是关键。我们大多数人不用担心食客等着上菜，也不会被卫生检查员突击检查。我们不需要把工作空间打理得一尘不染，我们只需要让它始终保持准备就绪，以便随时可以开始工作。漫画家凯文·惠曾格指出，整

置身于
你所爱的杂乱之中

理工作室并不等于让它看起来整洁有序。他说："如果地板上散落的纸张能让你当前的工作更方便，因为你需要随时翻阅，那它们就应该留在那里。"

　　在工作空间里，混乱与秩序之间需要找到平衡。我的朋友约翰·T.昂格有一个黄金法则：整理工具，放任材料。他说："工具必须整理有序，这样才能随时找到。而材料可以乱放，随它们在混乱中自由交错，碰撞出新的可能。"我创作的某些作品完全是偶然得来的，几样材料刚好堆放在一起，作品就已经完成一大半了。但如果工具也像材料一样乱放，关键时刻找不到，不仅可能会浪费整整一天，甚至会消磨掉你的热情和灵感。

整理也是一种探索

我总是找不到想要的东西，但好处是，我总能找到别的东西。

——欧文·威尔什，苏格兰小说家

音乐制作人布莱恩·伊诺和艺术家彼得·施密特创造了一套帮助创作者打破思维定势的卡片，名为"斜交策略"（oblique strategies）。我在书桌上方挂了一块大牌子，上面写着其中一张卡片上的话：

"卡住的时候，就整理一下吧。"

请注意，这句话说的是"卡住的时候"，而不是"随时随地"。整理只是当我陷入瓶颈或者停滞不前时，才会去做的事。整理工作室并不会改变人生，也没有什么神奇的功效（抱歉了，近藤麻理惠）。它不过是一种看似高效的拖延方式，本质上仍然是用另一项工作来逃避真正的工作。

整理的妙处在于，它既能让我的手忙碌起来，又能让大脑放松。这样一来，我可能会摆脱卡住的状态，或者想出某个问题的解决办法；也可能在混乱中偶然发现某样东西，从而激发新的创作。比如，当我开始整理时，可能会在一堆纸张中翻出一首未完成的诗，或者在车库里找到一幅未完成的画（它被空调吹到那里，如今又被我捡

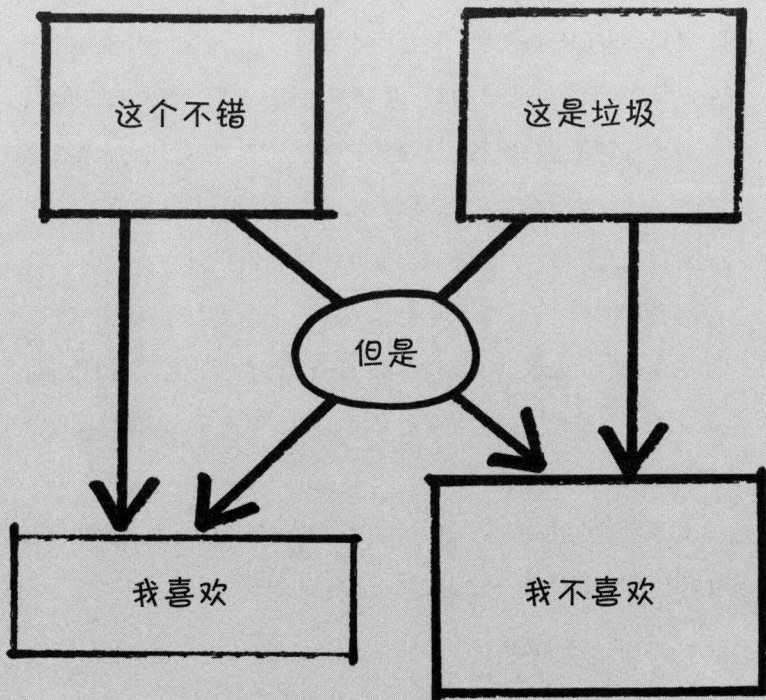

可能的反应

这个不错

这是垃圾

但是

我喜欢

我不喜欢

了回来)。

整理工作室最好的方式，是把它当成一次探索。我在整理杂物时，会重新发现一些东西。我整理的目的，并不是让一切变得干净整齐，而是让那些被遗忘的事物重新进入我的视野，焕发新的价值。

这是一种缓慢、悠然、沉浸式的整理方式。当我找到一本久违的书时，我会随意翻开几页，看看它是否有话要对我说。有时，书页间会掉出几张纸片，像是从宇宙传来的神秘信号。

整理的时候，我常常随手翻起一本书，结果就不知不觉停下了手里的活，转而沉迷于阅读。这和近藤麻理惠的整理哲学截然相反。她提醒我们在整理书籍时要"务必克制住，不要开始阅读，阅读会干扰判断"。千万别这样呀！

如果整理的目的是让一切井然有序，那确实可能会让人感到焦虑。但如果我们不那么执着于结果，它反而能变成一种令人治愈的游戏。

卡住的时候，就整理一下吧。

用睡眠
整理大脑

　　打盹儿是我创作不可缺少的一环。不是梦，而是那种游离在清醒与睡眠边缘、意识刚苏醒时的微妙状态。

　　　　　　　　　　——威廉·吉布森，美国作家

科学家和哲学家们一直探究睡眠是什么、为什么我们需要睡觉。他们慢慢才意识到

在我的工厂
里，

打盹儿

被视为

战略手段

们慢慢才意识到艺术家们早就明白的一件事：睡眠是整理大脑的绝佳方式。

科学家和哲学家们一直在探究睡眠是什么、为什么我们需要睡眠。他们逐渐才意识到艺术家们早就明白的一个道理：睡眠是整理大脑的绝佳方式。当你入睡时，身体会自动清理大脑中的杂物。神经科学家解释说，在睡眠期间，脑脊液的流动速度会加快，从而有助于清除脑细胞中的毒素和有害蛋白。

小睡片刻是许多艺术家的秘密武器。电影导演伊桑·科恩在谈到他和哥哥乔尔的创作过程时说："基本上就是靠打盹儿。"我认为，小睡也是一种神奇的整理方式，表面上看似乎什么都没做，但往往能激发创意。

打盹儿的方式各有千秋。艺术家萨尔瓦多·达利喜欢握着勺子打盹儿。一旦进入浅眠，勺子掉落的声音就会把他惊醒，但他仍处于半梦半醒的状态，正是这种状态赋予他超现实主义绘画的灵感。作家菲利普·罗斯则说，他的午睡方式来自父亲的传授：脱掉衣服，盖上毯子，这样才能睡得更香。"最奇妙的是，在刚醒来的那十五秒里，你完全不记得自己在哪里。"罗斯说，"你的脑海里一片空白，唯一知道的是，自己还活着。那一刻，满是幸福，纯粹至极。"

我个人喜欢"咖啡因小睡"：喝一杯咖啡或茶，躺下休息十五分钟，等咖啡因起作用后再继续工作。

多可惜啊，人不能在睡觉的时候用手指或脚趾在天花板上写东西。

——登顿·韦尔奇，英国作家

我们正处在一个分裂的时代。许多本该相连的事物被割裂开来，而你无法让一切恢复原样。你唯一能做的，就是尽己所能，把本该在一起的东西重新拼合。

——温德尔·贝里，美国小说家

让一切比你发现时更美好

最有意义的整理，是整理工作室之外更广阔的世界。

作家大卫·塞达里斯天生就是个"整理控"。他小时候总是负责打扫房间，还常帮兄弟姐妹收拾他们弄乱的东西。卖出第一本书时，他还在曼哈顿做清洁工，为别人打扫房子。如今，他已经是一位富有的畅销书作家，住在伦敦西边的一个小村庄。你猜他现在一天大部分时间都在做什么？在路边捡垃圾。

是的，你没听错，这位知名作家每天要花三到八个小时在路边捡垃圾！塞达里斯捡的垃圾实在太多，当地人甚至用他的名字给一辆垃圾车命名——"猪圈塞达里斯"（Pig Pen Sedaris）。在邻居眼里，他更像是一名拾荒者。当地的《西萨塞克斯郡时报》在报道他时，甚至连他是作家这件事都没提。

有趣的是，塞达里斯捡垃圾的习惯竟然和他的写作工作完美契合。跟许多艺术家一样，他本质上是个拾荒者。他从生活的混乱中收集被丢弃的片段，比如无意间听到的对话、被忽视的经历，然后把它们写进文章里（他那本日记集的书名就叫《捡到不还也算偷》）。每个季度，他都会把自己的日记打印成册，而其中一些内容，正是他散步时收集来的"垃圾"。

艺术并不只来自那些让人"怦然心动"的事物，也可以诞生于丑陋或令人厌恶的东西。艺术家的部分职责，就是整理这个世界，在混乱中寻找秩序，把废物变成珍宝，让我们看见隐藏的美。

有时候，重新审视那些我们习以为常的口号，会有新的领悟。

· 留下你的印记（MAKE YOUR MARK.）

· 在宇宙中留下痕迹（PUT A DENT IN THE UNIVERSE.）

· 快速行动，打破常规（MOVE FAST AND BREAK THINGS.）

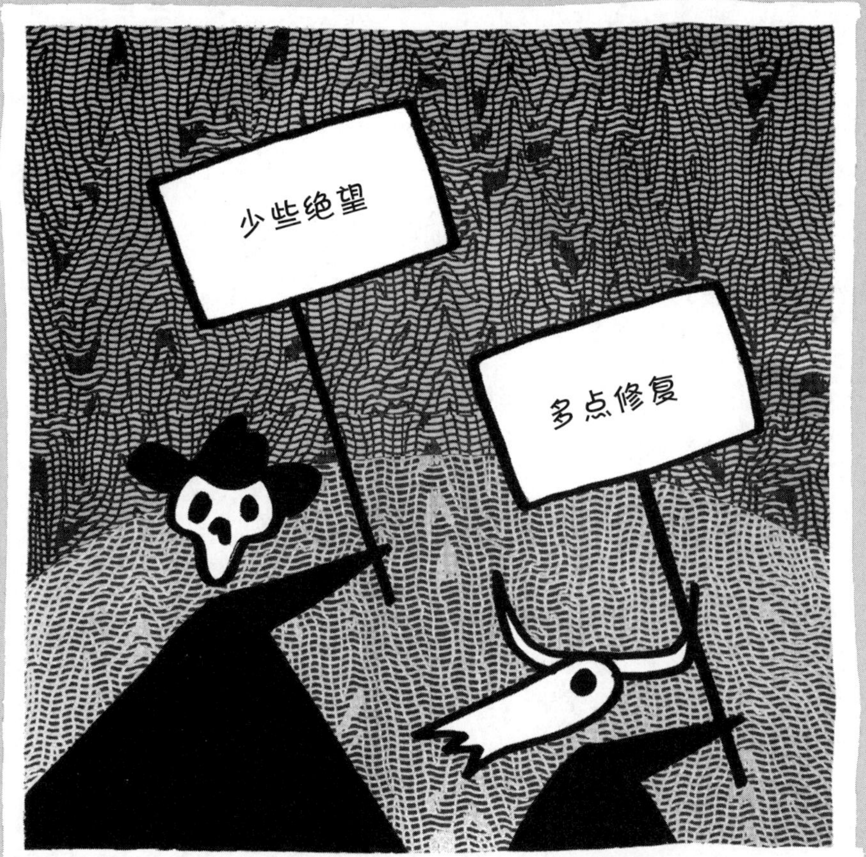
少些绝望
多点修复

这些口号默认，世界注定要被刻下印记、凿出痕迹或彻底打碎，而人类存在的意义好像就是当个破坏者。

但世界已经够乱了，我们在这个星球上留下的痕迹已经够多了。现在，我们需要的不是更多的破坏者，而是更多的修复者。我们需要让世界更有秩序的艺术、让破损重归完整的艺术、让创伤得到修复的艺术。

让我们找些更好的口号吧。或许可以借鉴医学领域的原则：首先，不要造成伤害（FIRST, DO NO HARM）。

也许我们可以参考公园里的标语：让一切比你发现时更美好（LEAVE THINGS BETTER THAN YOU FOUND THEM）。

就从这里开始吧。

9

恶魔最怕
新鲜空气

走着走着，我找到了最好的想法。

——索伦·克尔凯郭尔，丹麦神学家

迈开腿，你就是驱魔人

　　几乎每天早晨，不管天气如何，我和妻子都会把两个儿子放进一辆红色的双人推车里，然后绕着社区步行三英里①。这条路时常让人吃不消，偶尔也让人心旷神怡，但无论如何，它已是我们生活中不可或缺的一部分。我们边走边聊，规划未来，吐槽政治，也会停下来和邻居打招呼，或者欣赏郊区的野生动物。

　　我们每天早晨散步时，脑子里总会冒出新点子，也常边走边讨论书稿。清晨的这段散步对我们来说至关重要，以至于我们把美国

---

① 1 英里 ≈ 1.61 公里。

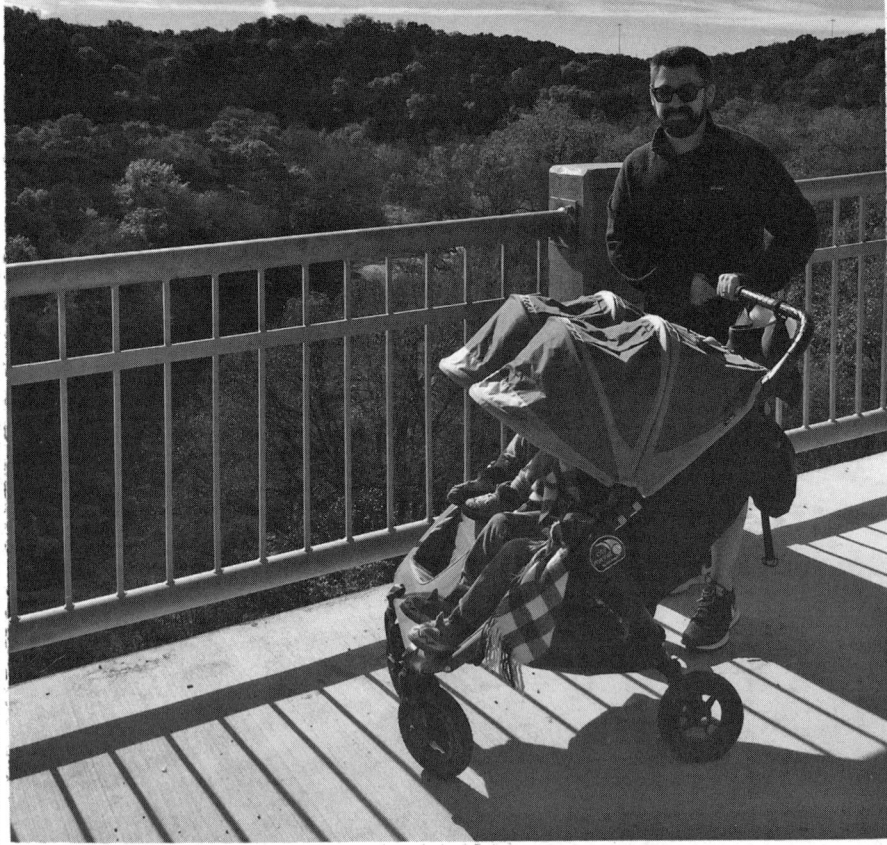

邮政的非官方座右铭当作了自己的信条:"无论是风雪、暴雨、酷暑,还是阴霾……都无法阻挡信使准时送达。"为了这段散步,我们不会在清晨安排任何约会或会议。时间久了,邻居们都认得我们,每次碰面,第一句话总是:"你们就是推着那辆大红色推车的夫妻吧?"

走路对想要厘清思绪的人来说,的确是一剂神药。两千年前,犬儒派哲学家第欧根尼就曾说过:"Solvitur ambulando."——走路解决一切问题。

许多知名的艺术家、诗人和科学家都喜欢在城市或乡间散步、徒步或漫游。华莱士·史蒂文斯走在去保险公司上班的路上创作诗歌。弗里德里希·尼采在湖边徒步时写下了许多著作。查尔斯·狄更斯曾谈及他在伦敦周边狂走二十英里的经历:"如果我不能走得又远又快,我简直会爆炸然后死去。"贝多芬和鲍勃·迪伦都曾在郊区游荡时被警察带走——贝多芬是在十九世纪的维也纳,迪伦是在二十一世纪的新泽西。梭罗每天都会在康科德附近的森林里步行四个小时，他写道："我一迈开腿，思绪就开始涌动。"

> 我决定要摆脱每天的低落情绪。每天下午，我都会情绪低落。有一天，我发现了走路的好处……我给自己定了一个目的地，然后走在街上时，总会看到一些事情发生。
>
> ——薇薇安·戈尔尼克，美国作家

走路对身、心、灵都有好处。电影导演英格玛·伯格曼曾对他的女儿琳·乌尔曼说："不管你几点起床，都去走一走。恶魔最怕你离开床，最怕新鲜空气。"

我在清晨的散步中悟出了一个道理：走路确实能释放内在的恶魔，但更重要的是，它还能帮助我们抵御外在的恶魔。

那些利用恐惧和谎言来操控我们的人，比如资本家、商家、政客，他们希望我们整天盯着手机或电视看，因为只有这样，他们才能给我们洗脑，把他们的世界观灌输给我们。如果我们不走出家门，不到户外呼吸新鲜空气，我们就只能活在他们编织的假象里，难以洞察日常世界的真实面貌，也无法形成自己的观点来抵御那些信息和观念，最终变得毫无还手之力。

艺术要求我们充分调动感官，它的作用是唤醒我们的感知。而屏幕却让我们感官迟钝，甚至失去理性判断，最终导致精神的麻木。詹姆斯·鲍德温在《下一次是烈火》(*The Fire Next Time*) 一文中写道："我认为，感性意味着尊重并庆祝生命本身的力量，并在所做的一切中保持觉知。"他接着说："当人们开始深深不信任自己的本能反应，变得麻木迟钝时，一些危险的事情就会发生。"鲍德温担忧的是，人们已不再依赖自身的感官体验，"一个不信任自己的人，便失去了衡量现实的标准"。

当我们盯着屏幕不放，世界变得不真实、令人沮丧、无药可救，

艺术要求我们充分调动感官，它的作用是唤醒我们的感知。而屏幕却让我们感官

"你还能做什么？"

思考

走路

依赖自身的感官体验："一个不信任自己的人，便失去了衡量现实的标准。"

甚至不值得我们花时间去关注。所有人看起来要么是键盘侠，要么是疯子，甚至更糟。但当你走出门，迈开腿，你的感官就会逐渐恢复。是啊，世界上确实有疯子，也有丑陋的一面。但与此同时，你会看到人们的笑脸，听到鸟儿的鸣唱，抬头望去，云朵正从头顶飘过……这一切都还在，世界依然充满可能性。走路，就是在你觉得一切无望时，重新发现可能性的方式。

因此，每天迈开腿，出去走走。一个人走远一点，或者和朋友、爱人，甚至带着狗子一起散步。午休时，和同事一起随便走走。可以带上塑料袋和棍子，像大卫·塞达里斯那样，边走边捡垃圾。别忘了在口袋里放一本笔记本或一台相机，随时准备停下来，记录灵感或画面。

用双脚丈量世界。走走家附近的街道，认识几个邻居，和陌生人聊聊天。

恶魔最怕新鲜空气。出门散步吧，感受生命的荣光。

——玛依拉·卡尔曼，美国插画师

种一朵花

创造力也有季节

在洛杉矶当了三十年修女后，科丽塔·肯特搬到波士顿，希望能静下心来，全身心投入艺术创作。她的公寓有一扇大窗户，窗外有一棵枫树。她常常坐在窗边，看着树随着四季变化。（这在洛杉矶很难看到，而在得克萨斯州奥斯汀就更不可能了，因为那里只有两个季节——热，还有酷热。）

她的学生米奇·迈尔斯说："那棵树成了她生命最后二十年的导师。她从中领悟到，春天的绽放，离不开冬天的沉寂。有时候，冬天越是寒冷漫长，春天就愈加绚烂美丽。"

一位记者来采访她，问她最近在做什么。她说："嗯……就是看窗外那棵枫树生长。我以前从没时间好好看一棵树。"

她说自己是十月搬进来的，那时树叶正茂盛。接下来的整个秋天，她看着叶子渐渐凋零。冬天，树被白雪覆盖。到了春天，小花悄然绽放，这时它看起来完全不像一棵枫树。直到叶子重新长满枝头，它才恢复了枫树的本色。

她说："在某种程度上，这正是我对自己人生的感觉。或许别人察觉不到，但我能感受到，在我的内心深处，正悄然发生着一些深刻的变化。而这些变化，终有一天会像枫树一般，以某种形式迸发出来。"

在肯特眼中，这棵树象征着创造力。创作如同树木生长，也有自己的季节。在创作过程中，重要的一点是认清自己所处的阶段，并顺势而为。在冬天，"树看起来毫无生机，但我们知道，它正在经历一个深层的蜕变过程，而这个过程最终会带来春天和夏天。"

喜剧演员乔治·卡林批评人们太执着于向前推进和看得见的进步。他说："在美国人的观念里，一切都得不断攀升：生产力、利

~~秋~~	心跳
~~天~~	日出
~~周~~	月相
~~季度~~	季节
~~年~~	春回大地

润，甚至喜剧。"他认为，我们忙得连反思的时间都没有了。"没有时间缓一缓，就要继续扩张；没有时间成长，没有时间从错误中吸取教训。"他说，"但这种观念违背了自然规律，因为自然本身是周期性的。"

你要留意自己创作的节奏和周期，在创作淡季时学会耐心等待。你需要给自己时间去经历这些变化，并观察自己的创作模式。梭罗写道："要在每个季节里好好生活，顺应它的流转，并接受每个季节带来的影响。"

> 效仿树木。学会失去，才能恢复。记住，世间一切都不会长久不变。
>
> ——梅·萨顿，美国作家

要与自己的"季节"保持连接，可以借鉴肯特和梭罗的做法，去观察自然界的季节变化。每周画同一棵树，持续一年。了解一点天文学。连续一周观察日出和日落，每晚观察月亮，持续几个周期。让自己沉浸在自然的时间流动中，看看它是否能让你重新校准自己，并改变你对进步的看法。

我们的人生也有不同的季节。有人年少便盛放，有人直到暮年才迎来花期。而我们的文化大多推崇那些在年轻时便功成名就的人，即那些开花最早的人。但这样的花往往也最快凋谢。正因如此，我从不关注那些"35位35岁以下精英"榜单。我对一年生植物不感兴趣，我更欣赏多年生植物。我只读"8位80岁以上人物"榜单。

我不想知道一个30岁的人是如何致富成名的，我倒是想听听一个80岁的人如何默默无闻地度过一生，如何坚持创作，如何活得快乐。我想知道比尔·坎宁安在80多岁时，如何每天骑着自行车穿梭于纽约街头拍摄照片。我想知道琼·里弗斯是如何一直讲笑话，直到生命的最后一刻。我想知道巴勃罗·卡萨尔斯如何在90

多岁时，依然每天早晨起床练习大提琴。

这些人是我汲取灵感的源泉。他们找到了让自己充满生命力的事，并以此滋养自己，延续生命的活力。他们播种、耕耘，最终成长为长久不衰的存在。

我想成为他们中的一员。我想把八旬画家大卫·霍克尼的一句话当作我的人生座右铭："我会一直坚持，直到倒下。"

"时间无法衡量，哪一年都不重要，即便是十年，也不过是转瞬即逝。作为一名艺术家，意味着既不算计也不计较；而是要像树木般成熟，不强迫其树液流淌，自信地屹立在春天的疾风骤雨中，不怕风雨过后没有夏天的到来。夏天一定会来的，它只青睐那些拥有耐心的人，他们仿佛置身于永恒之中，无忧无虑，寂静而宽广。我每天都在学习，在令我感激的疼痛中学习：耐心就是一切！"

　　　　　　　　——雷内·马利亚·里尔克，奥地利诗人

相传，某位东方君主曾命令智者为他创造一句话，让他能随时看见，并且无论何时何地，这句话都是真理且适用于一切时刻与境遇。智者们献上了这几个字："这一切，终将过去。"多么精辟啊！在得意时，它令人警醒；在苦难中，它带来慰藉。"这一切，终将过去。"

——亚伯拉罕·林肯，第16任美国总统

这一切，终将过去

在上一章，我提到了"外在的恶魔"，这些人为了利益不惜摧毁这个世界，把世界当成可以随意瓜分的战利品，就像漫画里的莱克斯·卢瑟。他们并不会永远存在。他们终究也会像我们一样离开这个世界。当然，他们离开时可能会把我们一并带走。但无论如何，我们的归宿是一样的。不管发生什么，一切终将过去，他们也终将消逝。想到这一点，我感到些许宽慰。

我住的这栋房子已有四十多年历史。它其实并不算老，但孩子们爬上去的那些树，早在尼克松执政时就已经存在了。清晨散步时，

放眼长远

我从年长的邻居那里得知，建造这栋房子的夫妇中，妻子非常喜欢园艺。我的

妻

稍

物

子

的

尔

界 做什么

满

我打理
花园

因为

除了消磨时间，我还能

呢？

妻子

稍作

物，还会摘一些能吃的浆果给他们尝尝。每当我看到这一幕。

我从年长的邻居那里得知，建造这栋房子的夫妇中，妻子非常喜欢园艺。我的妻子现在也开始打理花园，她用前屋主种下的花，做成美丽的花束。

我们洗手间的窗户正对着后院的花园。每当自然的呼唤响起，我会暂停写作，稍作休息。在洗手间时，我透过窗户看着妻子在泥土中忙碌，向孩子们介绍各种植物，还会摘一些能吃的浆果给他们尝尝。每当我看到这一幕，即使是在最灰暗的日子里，心中也会涌起希望。

园艺需要极大的耐心和专注，因此园丁们对时间的流逝及事物变化有着独特的感知。

第二次世界大战爆发前的几个月，对伦纳德·伍尔夫和弗吉尼亚·伍尔夫来说，是一段极其痛苦的时光。他们"无助而绝望"地看着世界一步步走向灾难。伦纳德说，最可怕的就是听希特勒在广播中的咆哮——"一个满腔怨恨的失败者，突然发现自己变得无比强大，凶狠而疯狂地发泄怒火。"

一天午后，他正在果园里的一棵苹果树下种植紫色鸢尾花。"突然，我听见弗吉尼亚的声音从客厅的窗户传来。"

希特勒又在广播里发表演讲。

但这一次，伦纳德已经受够了。

他朝着弗吉尼亚大喊："我不进去！我在种鸢尾花，而它们会在希特勒死去很久以后依然绽放。"

他是对的。在回忆录《一路下坡》（*Downhill All the Way*）中，伦纳德写道："二十一年后，希特勒在地堡中自杀身亡，而那棵苹果树下，几朵紫色的鸢尾花仍在恣意盛开。"

我并不确定，在这世上的日子里，我种下的究竟会是什么样的花，但我想弄明白，而你也应该如此。

每一天，都是一颗可能长成美好事物的种子，我们该花时间去照料它，而不是沉溺于绝望。诗人马克·斯特兰德曾说："值得庆幸的是，我们有幸诞生于这个世界。毕竟，我们本不该出现在这里的概率，大得超乎想象。"没有人知道自己还能拥有多少个明天，因此更应该珍惜已经拥有的每一天。

正是这样的时刻，艺术家应当行动起来。此刻，没有时间去绝望，没有空间去自怜，没有必要保持沉默，没有余地留给恐惧。我们发声，我们书写，我们用语言创造。这正是文明得以疗愈的方式。我知道，这个世界伤痕累累、血流不止，我们不能忽视它的痛苦，但更为关键的是，我们不能向它的恶意屈服。正如失败一样，混乱也蕴含着能够通向知识——甚至智慧的信息。艺术也是。

——托尼·莫里森，美国小说家

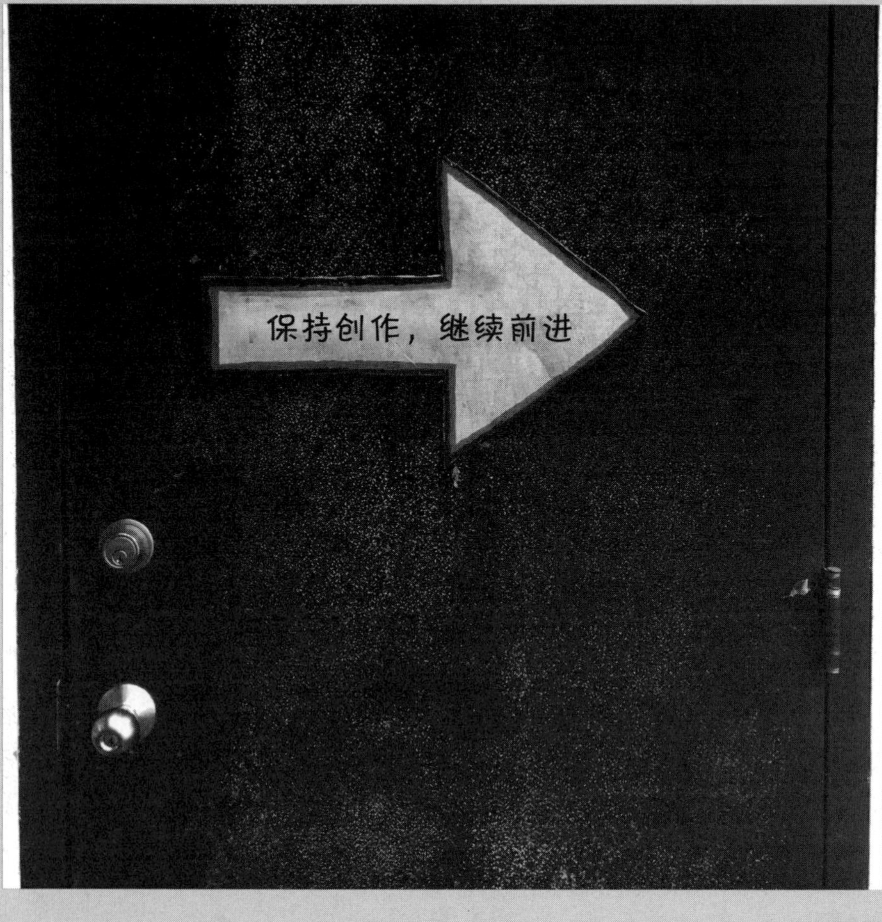
保持创作，继续前进

当生活让你感到不堪重负时，回到本书的第一章，反思你是如何度过每一天的。每天尽力去做一些能够让你离期待的自己更近一步的事。对自己宽容一点，给自己一些时间。少纠结完成了多少事，多思考哪些事值得去做。少在意如何成为伟大的艺术家，多努力成为一个用心创作的人。少执着于"留下印记"，多专注于"让一切比你发现时更美好"。

继续努力，继续玩乐，继续画画，继续观察，继续倾听，继续思考。继续梦想，继续歌唱，继续舞动，继续涂抹，继续雕刻，继续设计。继续作曲，继续表演，继续烹饪，继续探索，继续行走，继续寻找。继续给予，继续生活，继续专注，继续创造，继续前进。

无论你的"动词"是什么，继续去做。

保持创作，继续前进。

Keep going.

"这个世界上仍有
艺术等待创作。"

——安东尼·布尔丹，美国厨师、作家

接下来该做些什么？

- ☐ 把手机调成飞行模式。
- ☐ 列出一些清单。
- ☐ 请一个孩子教你玩儿。
- ☐ 为某人制作一份礼物。
- ☐ 整理。
- ☐ 躺下打个盹儿。

- ☐ 远足。
- ☐ 将这本书送给需要阅读的人。

书是由书构成的。

——科马克·麦卡锡，美国作家

- 亨利·戴维·梭罗
  《梭罗日记》（*The Journal of Henry David Thoreau*）

- 厄休拉·富兰克林
  《技术的真实世界》（*The Real World of Technology*）

- 尼尔·波兹曼
  《娱乐至死》（*Amusing Ourselves to Death*）

- 大卫·艾伦
  《搞定》（*Getting Things Done*）

- 托芙·扬松
  《姆明》（*Moomin*）

- 安德鲁·爱泼斯坦
  《注意力等于生命》（*Attention Equals Life*）

- 老子，《道德经》

- 詹姆斯·P.卡斯
  《有限与无限的游戏》（*Finite and Infinite Games*）

- 凯瑞·史密斯
  《漫步社会》（*The Wander Society*）

- 艾伦·雅各布斯
  《如何思考》（*How to Think*）

WHAT VAMPIRES?

WHAT GIVES IT?

TRACKING — SOLVITUR AMBULANDO

STROLLING — CURE — ENERGY

WOODS — WALKING — WALT WHITMAN

WANDERING

NOT KNOWING — OPENNESS

NO GOALS — SENSES OPERATIONAL

TAKE A LINE FOR A WALK

LISTEN — SKIN — GRASS? TONGUE?

LOOK — FEET — NOSE

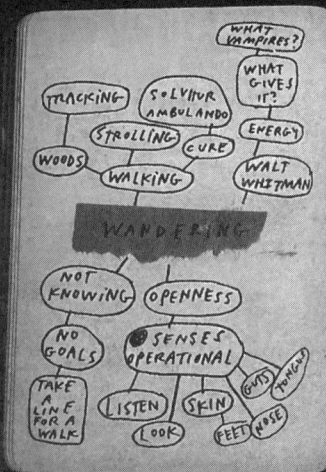

"WHEN FROM OUR
BETTER SELVES
WE HAVE TOO LONG
BEEN PARTED BY
THE HURRYING WORLD.
...HOW GRACIOUS,
HOW BENIGN
IS SOLITUDE!"

— WORDSWORTH

THE THINGS OF THIS WORLD
EXIST, THEY ARE;
YOU CAN'T REFUSE THEM.
— LAO TZU

DON'T MESS WITH MY

2018

201

201

201

2017

20

20

20

20

201

2016

"THE LAST YEAR HAS FORCED US ALL INTO POLITICS.... WE DO NOT BREATHE WELL. THERE IS INFAMY IN THE AIR... [IT] ROBS THE LANDSCAPE OF BEAUTY, and TAKES THE SUNSHINE OUT OF EVERY HOUR..."
—RALPH WALDO EMERSON, 1851

IT DOESN'T MATTER IF IT'S GOOD RIGHT NOW   IT JUST NEEDS TO EXIST

PERMISSION

YOU DO NOT NEED PERMISSION BUT IF YOU INSIST

HERE IT IS.

[2017] HAS BEEN A SLOW PROCESS OF <u>DISCONNECTING</u> FROM DIGITAL LIFE AS A WAY OF <u>RE-CONNECTING</u> WITH LOCAL PLACES AND the <u>INTERNAL STATE</u>. <u>WALKING</u> IS the EASIEST WAY TO DROP OUT OF the ONLINE FEED AND ENGAGE all 5 ANALOG SENSES, TO SEEK OUT DISCOVERIES IN OUR EVERY DAY WORLD, AND then <u>WRITING</u>, BY HAND, ALLOWS US TO CALL FORTH WHAT IS <u>INSIDE</u> US, TO DISCOVER + RECORD,

—— WAYS OF THINKING WHILE MINIMIZING DISTRACTION

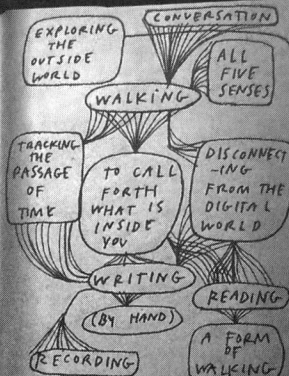

- EXPLORING THE OUTSIDE WORLD
- CONVERSATION
- ALL FIVE SENSES
- WALKING
- TRACKING THE PASSAGE OF TIME
- TO CALL FORTH WHAT IS INSIDE YOU
- DISCONNECTING FROM THE DIGITAL WORLD
- WRITING
- (BY HAND)
- READING
- RECORDING
- A FORM OF WALKING

they are really the same thing — discovering what's inside you...

MISTAKEN FOR VAGRANTS

I FIND IT CURIOUS THAT BOTH BEETHOVEN and BOB DYLAN WERE MISTAKEN FOR VAGRANTS AT the PEAK OF THEIR ~~FORCED~~ FAME — BEETHOVEN IN the SUBURBS OF VIENNA, and BOB DYLAN SOMEWHERE IN NEW JERSEY...

"THANK YOU!"

EVERY thing you WISH AN ARTIST WOULD DO IS A STARTING POINT FOR YOUR OWN WORK

"I WISH ___ WOULD DO A COUNTRY RECORD"

TRANSLATES TO: "I WILL DO A RECORD that SOUNDS LIKE ___ DOING COUNTRY"

"I WISH I HAD A ___ THAT ___"

TRANSLATES TO: "I WILL MAKE A ___ THAT ___"

IT IS UP TO YOU TO TRANSLATE YOUR DESIRES INTO YOUR WORK

I got a flashlight out
9:0. dinner was a med—

Jules at a monkey, and

he started drawing these
sweet little scenes — him

YOU CAN DO IT PAPA

people"? Sweet boys.

ZINES

IF I JUST MAKE
A ZINE a MONTH,
cAN I STAPLE
THEM TOGETHER
at the END
and CALL IT
A BOOK?

DON'T WORRY, PAPA

I'LL ASK SIRI WHAT the TITLE OF YOUR BOOK SHOULD BE!

YOU DIDN'T LOOK LIKE YOU WERE WORKING ON A BOOK

YOU LOOKED LIKE YOU WERE WORKING ON YOUR COMPUTER.

谢谢你

愿意

读到

这里

感谢我的妻子梅根，她是我的第一位读者，也是我生命中最重要的人。

感谢我的经纪人泰德·温斯坦。

感谢我的编辑布鲁斯·特雷西，以及沃克曼出版社（Workman Publishing）的所有优秀同事，包括丹·雷诺兹、苏茜·博洛廷、佩奇·爱德蒙兹、丽贝卡·卡莱尔、阿曼达·洪、盖伦·史密斯、特丽·鲁菲诺、戴安娜·格里芬等众多才华横溢的伙伴。

感谢安迪·麦克米兰和 Backerkit Bond 团队，邀请我发表了那场启发这本书的演讲；感谢保罗·塞尔及其团队拍摄了这次演讲。

感谢我的朋友、同事，以及那些虽未谋面却深受他们影响的导师们，包括阿兰·雅各布斯、温迪·麦克诺顿、马特·托马斯、基欧·斯塔克、约翰·T·昂格、弗兰克·奇梅罗、凯莉·安德森、克莱顿·库比特、安·弗里德曼（尤其感谢她的文章《兴趣爱好不一定要变成副业》）、史蒂文·汤姆林森、史蒂文·鲍尔（感谢他的"屁股挨着椅子"箴言）、奥利维娅·莱恩特别感谢她分享伦纳德·伍尔夫的

故事)、布莱恩·伊诺、布莱恩·比蒂和瓦莱丽·福勒（他们的"Keep Going"标语出现在本书第十章！）、瑞安·霍利迪、玛丽亚·波波娃、塞思·戈丁、杰森·科特基、爱德华·塔夫特、利维·斯塔尔、劳拉·达索·沃尔斯（感谢她出色的梭罗传记）、黛布·查克拉，她让我认识了厄休拉·富兰克林，以及琳达·巴里。

感谢所有优秀的读者，以及那些睿智又热心的订阅者们。

最后，感谢我的两个儿子——欧文和朱尔斯，他们是我最喜爱的艺术家，每一天都给予我无尽的灵感。

推荐
阅读

这本书将教你如何
在数字时代打造更
具创造力的生活

↓

全球累计销量
超 1 000 000 册！

创意从哪里来

10 Things Nobody Told You About Being Creative

〔个人品牌提升丛书〕

创意
从哪里来

STEAL LIKE AN ARTIST

《纽约时报》
畅销书

善于借鉴带来源源不断的灵感

〔美〕奥斯汀·克莱恩（Austin Kleon）著　刘勰译

绝对原创是个伪命题　｜　解锁AI时代的创造力

清华大学出版社

这本书将教你如何
分享你的创造力并
被他人看到

↓

秀出你的
工作 SHOW
YOUR WORK!

打造个人品牌的10堂创意课

10 Ways to Share Your Creativity and Get Discovered

美国
书评网站
Goodreads网
年度好书

[美] 奥斯丁·克莱恩（Austin Kleon）著 ｜ 何十一 译

创意时代的全新工作模式 ｜ 让机会主动来找你

清华大学出版社

用这本笔记本激发
你的创造力，记录
你的探索

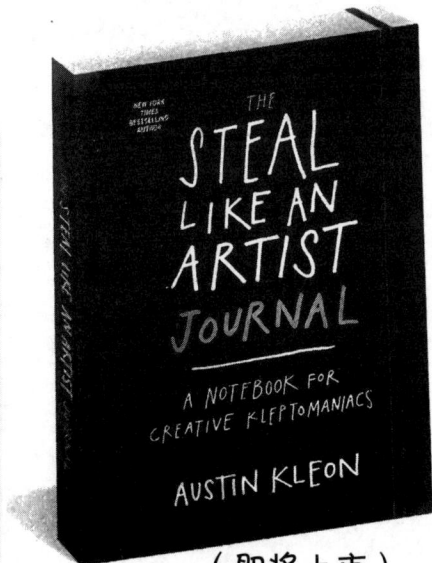

↓

NEW YORK
TIMES
BESTSELLING
AUTHOR

THE
STEAL
LIKE AN
ARTIST
JOURNAL

A NOTEBOOK FOR
CREATIVE KLEPTOMANIACS

AUSTIN KLEON

（即将上市）

你的笔记